I0015384

Fonctionnalités avancées

Excel 2013 - 2016

Fichiers téléchargeables

Les fichiers de manipulations cités dans cet ouvrage sont téléchargeables sur Internet. Pour y accéder, procédez comme suit :

- lancer votre navigateur internet (Internet Explorer, Chrome, FireFox…)

- saisir ou copier-coller dans la barre d'adresses de votre navigateur (encadré rouge) le lien indiqué dans la description de l'ouvrage (description disponible sur le site Amazon)

- la liste des fichiers utilisables s'affiche

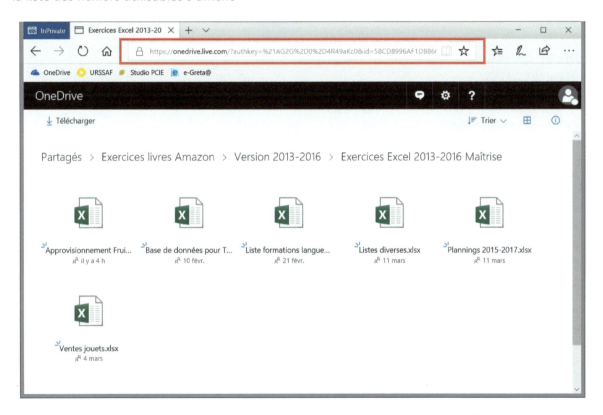

- Pour télécharger un fichier, cliquer droit sur son nom puis cliquer sur **Télécharger** ; vous pouvez également cocher le fichier pour le sélectionner et utiliser le bouton **Télécharger** disponible dans l'interface du site.

TABLE DES MATIERES

Information

Ce document est un **manuel d'auto-apprentissage pour Excel version 2013-2016** qui vous permettra de progresser de façon autonome. Vous y trouverez des informations générales en fonction des thèmes abordés et des consignes à reproduire. A la fin d'un ensemble de procédures, il vous est proposé de valider celles-ci par la réalisation d'une évaluation.

Symboles

	Ce petit symbole indique un conseil.
	Cette information « expert » vous **permet d'aller plus loin** dans la fonctionnalité abordée. Si vous êtes débutant, ces passages risquent de vous paraître obscurs, leur lecture peut être différée à la fin de votre apprentissage du module en cours.
	Faites attention, cet avertissement vous donne une nuance dans la manipulation à effectuer.

Les listes de données

Le logiciel Microsoft Excel est certes un tableur et vous propose à ce titre un grand nombre d'outils destinés à créer, présenter et gérer vos tableaux calculés.

Mais une grande partie d'Excel est également conçue pour vous permettre de gérer vos listes de données : listes de personnes, listes de ventes, de produits, d'interventions, d'incidents, de factures… Les occasions de créer et gérer une liste sont nombreuses, mais peut-être est-il utile de clarifier sa définition :

Définition d'une liste

Une liste de données (ou base de données), est un ensemble structuré et organisé d'informations facilement exploitable (ajout ou suppression, mise à jour, recherche…).
Les listes sont constituées de lignes appelées **Enregistrements**. Chaque ligne contient un ensemble d'informations similaires : une liste de personnes avec coordonnées (nom, prénom, code postal…), une liste de factures avec n°, date, montant…
Chaque type d'information (nom, prénom…) est appelé **Champ**.

Pour qu'Excel puisse exploiter correctement une liste, certaines précautions s'imposent lors de sa saisie :

Emplacement de la liste

- Ne mettez qu'une seule liste par feuille de calcul
- Evitez de saisir des données à côté ou en-dessous de la liste
- Votre liste ne doit pas forcément commencer sur la ligne 1 de la feuille, mais si vous mettez un titre au-dessus de votre liste, laissez une ligne vide de séparation en-dessous du titre

Contenu de la liste

- La première ligne de la liste doit contenir les étiquettes (titres) des colonnes, à savoir les noms des **champs** ; toutes les colonnes doivent avoir un titre (aucune cellule vide sur la première ligne de la liste)
- Ne saisissez pas deux fois le même nom de champ
- Seule la première ligne de la liste doit contenir les titres. En cas de libellés un peu longs, utilisez le *Renvoi à la ligne automatique* (onglet *Accueil,* groupe *Alignement)*
- La saisie des enregistrements commence dès la deuxième ligne de la liste, en-dessous de la ligne contenant les champs
- Chaque enregistrement doit être saisi sur une et une seule ligne
- Aucune ligne ou colonne ne doit rester complètement vide une fois la liste commencée (des lignes vides au-dessus de la ligne de titres sont toutefois autorisées)
- Prenez garde à ne pas saisir d'espaces inutiles (particulièrement en début de cellule) ; les espaces superflus nuisent aux tris et aux filtres des données

A l'exception de ces quelques précautions, aucune déclaration préalable n'est nécessaire pour créer votre liste : il vous suffit de prendre une feuille de calcul vierge et de commencer à saisir.

	Réf Jouet	Jouet	Prix d'achat	Prix de vente	Fournisseur	Public	Date sortie	Stock	Comm en co
CATALOGUE JOUETS									
	A523	Train Tchou-Tchou	15,00 €	32,45 €	BEBE CALIN	0-5 ans	15/03/2016	1500	N
	B201	Poupée Mignonette		5,00 €	BEBE CALIN	5-10 ans	06/07/2015	1250	N
	A465	Le Jeu de la Belette		1,20 €	TOUT EN BOIS	>10 ans	25/03/2016	80	N
	D235	Trois valent deux	55,00 €	124,90 €	BEBE CALIN	>10 ans	04/02/2016		
	A895	Poupée Marion	9,50 €	16,70 €	LE ROI DU JOUET	0-5 ans	06/10/2015	630	C
	F629	Voiturette	5,45 €	9,0		5-10 ans	11/07/2015	1800	N
	B413	Peluche Toudoux	28,60 €	48,00 €	LAJOIE	0-5 ans	09/08/2016	450	C
	A895	Dinette	62,00 €	183,00 €	L'ENFANT HEUREUX	5-10 ans	17/08/2016	5	C
	B500	Toupie bois		45,00 €	LAJOIE	5-10 ans	05/01/2016	2300	N

(annotations sur l'image : « Ligne vide de séparation entre le titre et la liste », « Champs », « Enregistrements »)

Saisie des données dans une liste

Pour effectuer les manipulations qui suivent, ouvrez le classeur **Ventes Jouets** *mis à votre disposition sur le réseau et enregistrez-le dans votre dossier sous le nom* **Ventes Jouets VotrePrénom**. *Puis activez la feuille* **Catalogue Jouets** *du classeur.*

La saisie d'une liste est simple et instinctive. Vous devez tout d'abord entrer les noms des différents *champs* dans les cellules de la première ligne de la liste. Une fois la première ligne de titres saisie, poursuivez tout simplement par la saisie des enregistrements à partir de la deuxième ligne.

Les aides à la saisie dans une liste

Pour faciliter la saisie en ligne, vous pouvez saisir un enregistrement en validant par la touche *Tabulation* du clavier (au lieu de la touche *Entrée*) pour passer à la cellule de droite.

La *saisie semi-automatique* d'Excel vous propose une aide précieuse durant la saisie de vos données : lorsque vous commencez à saisir un mot que vous avez déjà saisi auparavant dans la colonne, Excel vous proposera automatiquement de le terminer. Vous pouvez appuyer sur *Entrée* au clavier pour accepter ou vous pouvez ignorer la suggestion en poursuivant votre saisie.

),00 €	L'ENFANT HEUREUX	>1(
),00 €	L'ENFANT HEUREUX	5-1(
),00 €	TOUT EN BOIS	5-1(
.,20 €	TOUT EN BOIS	>1(
,00 €	L'ENFANT HEUREUX	0-!

Vous pouvez également obtenir la liste des mots déjà saisis dans la colonne en appuyant sur la touche clavier *flèche directionnelle Bas* tout en maintenant la touche clavier *Alt* enfoncée.

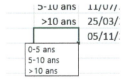

Enfin, pour recopier rapidement dans la cellule active le contenu de la cellule située sur la ligne qui précède, utilisez le raccourci clavier **Ctrl + B**.

Ajoutez par exemple les trois lignes enregistrements à la liste **Catalogue Jouets** :

Col A	Col B	Col C	Col D	Col E	Col F	Col G	Col H	Col I	Col J	Col K
A827	Games of Fame	22,00 €	45,00 €	LE ROI DU JOUET	>10 ans	04/07/2016	70	O	Vidéo	Jeu vidéo réseau
B331	Camion pompier	45,00 €	110,00 €	BEBE CALIN	>10 ans	05/12/2015	150	N	Jeux	Camion avec grande échelle
D882	Landau	37,00 €	85,90 €	LE ROI DU JOUET	5-10 ans	19/08/2016	10	O	Jeux	Poussette 55 cm couleur bleue et rouge

Travailler confortablement avec une liste

Par définition, une liste peut contenir un grand nombre de données, aussi bien en lignes qu'en colonnes. Pour rappel, une feuille Excel contient plus de 1 million de lignes et plus de 16 000 colonnes. Beaucoup trop pour que la liste apparaisse entièrement à l'écran.

Différents outils sont à votre disposition pour vous permettre de saisir ou consulter vos données aussi confortablement que possible.

Naviguer dans une liste

*Pour effectuer les manipulations qui suivent, vous pouvez utiliser la feuille **Liste commandes clients** du classeur **Ventes Jouets VotrePrénom**.*

Vous pouvez utiliser les flèches directionnelles du clavier pour vous déplacer de cellule en cellule. Pour un déplacement rapide, n'hésitez pas à utiliser les raccourcis clavier suivants :

- Ctrl + Flèche bas : pour se repositionner rapidement en bas de la colonne
- Ctrl + Flèche haut : pour se repositionner rapidement en haut de la colonne
- Ctrl + Flèche gauche : pour se repositionner rapidement en début de ligne
- Ctrl + Flèche droite : pour se repositionner rapidement en fin de ligne

Pour sélectionner rapidement toute la liste, cliquez sur une de ses cellules puis pressez **Ctrl + *** ou **Ctrl A** au clavier.

Attention : pour ces deux raccourcis clavier, Excel sélectionne les données environnantes jusqu'à ce qu'il trouve une ligne entièrement vide en haut et en bas, et une colonne entièrement vide à droite et à gauche. Il est donc indispensable pour que cette manipulation fonctionne, que la liste de données ne contienne pas de ligne ou de colonne vide.

Le zoom

Sans doute connaissez-vous le *zoom*, disponible en bas à droite de l'écran. Il s'avère particulièrement utile durant les manipulations sur les grandes listes. N'hésitez pas à diminuer le pourcentage pour visualiser autant de vos données que possible.

Conserver les titres toujours visibles

Dans une liste très longue, la ligne de titre disparaît rapidement de l'écran lorsque vous cherchez à visualiser le bas de la liste. Pour plus de confort, faites en sorte qu'elle ne quitte jamais l'écran :

- Dans la feuille **Liste commande Clients**, sélectionner la ligne en-dessous de celle contenant les titres (ici, il s'agira donc de sélectionner la ligne 2)
- Dans l'onglet **Affichage**, groupe **Fenêtre**, cliquez sur le bouton **Figer les volets** puis cliquez à nouveau sur **Figer les volets** (si la commande n'apparaît pas, cliquez d'abord sur **Libérer les volets** avant de revenir cliquer sur **Figer les volets**).

Faites un test et descendez plus bas dans la feuille Excel : les enregistrements défilent, mais la ligne des titres reste toujours visible à l'écran.

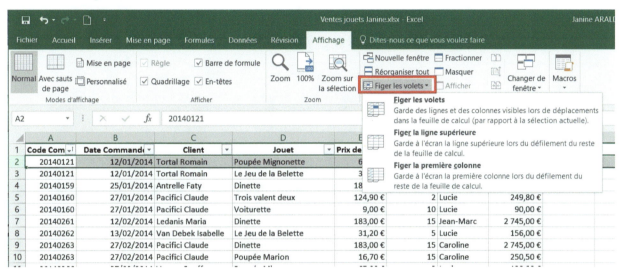

 *Si votre liste est très large et que vous voulez conserver certaines colonnes toujours visibles à l'écran, vous pouvez également le demander grâce à la commande **Figer les volets** (ici par exemple, vous pouvez vouloir conserver les colonnes A et B visibles : dans ce cas, sélectionnez la colonne C et figez les volets)*

Pour conserver visibles à la fois les colonnes A et B et la ligne 2, sélectionnez la cellule C3 (cellule d'angle) et figez les volets.

La recherche

Excel dispose également d'un outil de recherche pour retrouver une donnée précise dans votre liste.

- Cliquez sur une cellule de la liste ou sélectionnez la colonne dans laquelle vous souhaitez limiter la recherche (sélectionnez par exemple la colonne **Jouets**)
- Dans l'onglet **Accueil**, groupe **Edition** tout à fait à droite du ruban, cliquez sur le bouton **Rechercher et sélectionner**

Rechercher et
sélectionner ▾

- Cliquez sur **Rechercher**

- La boite de dialogue *Rechercher et Remplacer* s'affiche l'écran
- Dans la zone *Rechercher*, saisissez la valeur à retrouver (**voiturette** par exemple)
- Cliquez sur le bouton *Suivant* (ou appuyez sur la touche *Entrée* au clavier) : Excel recherche et sélectionne la première cellule contenant la valeur
- Pour continuer votre recherche du mot dans la liste, cliquez à nouveau sur le bouton *Suivant*

 *Pour lancer rapidement une recherche, utilisez le raccourci clavier **Ctrl + F**.*

Les options de recherche

Vous pouvez apporter certaines précisions quant à l'élément recherché durant votre recherche :
- Dans la boite de dialogue *Rechercher*, cliquer sur le bouton *Options*
- La zone des options de recherche s'affiche

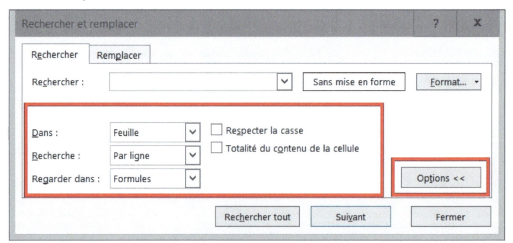

Option *Dans* :	Lancer la recherche dans la feuille ou dans toutes les feuilles du classeur
Option *Recherche* :	Choisir l'orientation de la recherche (par ligne ou par colonne)
Option *Regarder dans* :	Effectuer la recherche dans les formules, le résultat des formules ou les commentaires
Option *Respecter la casse* :	Rechercher en respectant les minuscules/majuscules telles que saisies
Option *Totalité du contenu de la cellule* :	Le mot saisi doit être l'exact contenu de la cellule (voiture et non **voiture**tte ou co**voiture**r)

La recherche et le remplacement automatique

Vous pouvez en même temps que vous recherchez une donnée, demander à la remplacer par une autre. Dans notre liste, nous voulons par exemple remplacer le mot **Voiturette** par les mots **Voiture miniature** :

- Sélectionnez la colonne **Jouets**
- Dans l'onglet *Accueil*, groupe *Edition* tout à fait à droite du ruban, cliquez sur le bouton *Rechercher et sélectionner*
- Cliquez sur *Remplacer*
- La boite de dialogue *Rechercher et Remplacer* s'affiche l'écran

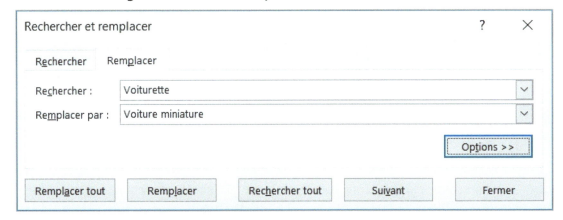

- Dans la zone *Rechercher* de l'onglet *Remplacer*, saisissez la valeur à remplacer, ici **Voiturette**
- Dans la zone *Remplacer par*, saisissez la valeur de remplacement, ici **Voiture miniature**
- Cliquez sur le bouton *Suivant* ou appuyez sur la touche *Entrée* au clavier : Excel sélectionne la première cellule contenant la valeur
- Cliquez sur *Remplacer* autant de fois que nécessaire ou sur *Remplacer tout* pour un remplacement global de toutes les valeurs
- Excel affiche le nombre de remplacements effectués, validez par *OK*.

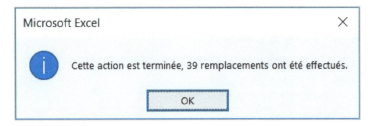

Nommer une base de données

Outre les astuces de sélection, il est parfois utile de nommer une base de données afin de pouvoir réutiliser rapidement son nom durant les différentes manipulations sur les données. Rappel pour nommer rapidement une plage de cellules :

- Sélectionnez la liste contenant les données (**Ctrl *** au clavier)
- Cliquez dans la zone *Nom* de la *barre de formule* et saisissez un nom sans espace, par exemple **Liste_Jouets** (le trait de soulignement tient lieu d'espace)
- Validez par *Entrée*

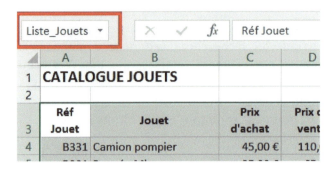

 *Une fois nommée, vous pouvez resélectionner facilement la liste en cliquant sur la flèche déroulante de la même zone **Nom** (fonctionne depuis n'importe quelle feuille du classeur)*

Les tableaux de données

Excel propose de nombreux outils utilisables sur les informations organisées en listes (les tris, les filtres, les tableaux croisés dynamiques...), outils traditionnels et bien connus que nous allons aborder bientôt dans ce manuel.

Une autre fonctionnalité plus récente est également proposée depuis quelques années : la transformation de la liste en « ***tableau de données*** ». Cette fonctionnalité, très rapide à mettre en place, vous permettra de manipuler plus facilement les données de votre liste durant l'ajout ou la sélection, ou même la simple mise en forme des champs et des enregistrements.

Plus exactement, transformer une plage de cellules en ***tableau de données*** génère plusieurs opérations distinctes sur les cellules de la liste :

- La mise en forme automatique des cellules

- De nouvelles options de sélection (flèche noire de sélection des lignes et colonnes)

- Affectation automatique d'un nom au tableau de données

- Mise en place systématique d'un filtre

- Incorporation facilitée des nouvelles lignes ou colonnes au tableau de données

Voyons maintenant comment utiliser cette fonctionnalité.

*Pour effectuer les manipulations qui suivent, vous pouvez utiliser la feuille **Liste Fournisseurs** du classeur* **Ventes Jouets VotrePrénom**.

Transformer une liste en tableau de données

- Cliquez sur une cellule de la liste à transformer en tableau de données

- Dans l'onglet *Accueil*, groupe *Style*, cliquez sur *Mettre sous forme de tableau*

- Dans la galerie qui s'affiche, cliquez sur une des mises en forme proposées, par exemple le style *Bleu* sous la rubrique *Moyen* (qui propose une alternance de couleur de ligne)

- Dans la boite de dialogue qui s'affiche à l'écran, vérifiez la sélection correcte de la plage de cellules

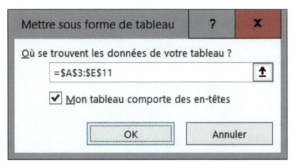

- Validez : la plage de cellules de la liste est convertie en *Tableau de données*

 *Si toutes les cellules de la première ligne de la liste ne contiennent pas de titres, Excel ajoutera automatiquement une nouvelle ligne d'en-têtes **Colonne 1, Colonne 2, Colonne 3**... au-dessus de la plage et c'est cette ligne qui sera considérée comme ligne de titres*

L'onglet contextuel Création des tableaux de données

La transformation de la plage de cellules en tableau de données provoque l'apparition d'un onglet contextuel *Création*.

Cet onglet contient un ensemble d'outils qui vous permettront de gérer et personnaliser votre tableau de données.

Ainsi, vous retrouvez la galerie des *Styles de tableau*, avec ses nombreuses propositions de mise en forme prédéfinies ; vous trouvez également le groupe *Options de styles de tableau* qui vous permettra de choisir sur quels éléments de la liste vous souhaitez appliquer le style choisi.

La délimitation des données

Au moment de sa création, la plage de cellules constituant le tableau de données a été délimitée. Elle commence à la ligne contenant les titres (appelée ligne d'en-têtes) et se termine à la ligne marquée par le symbole 🔳 sur la dernière cellule en bas à droite de la liste.

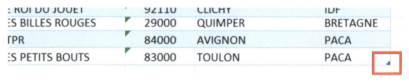

A noter que vous pouvez si nécessaire redélimiter la fin du tableau de données en cliquant-glissant sur le symbole de fin de tableau.

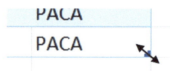

Ajouter de nouvelles données en fin de tableau

L'un des principaux avantages à transformer une simple liste en *tableau de données* est que toute nouvelle saisie sous la liste (ou à sa droite) sera automatiquement incorporée à l'ensemble.

Faites le test : cliquez sur la cellule **A12** et saisissez par exemple le chiffre **19**. Aussitôt, la plage du tableau de données s'élargit pour englober ce nouvel enregistrement. Notez que la mise en forme avec l'alternance de couleur des lignes est propagée à la nouvelle ligne. Complétez la ligne comme suit :

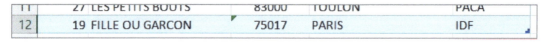

De la même façon, nous pouvons ajouter une nouvelle colonne en fin de plage : cliquez en cellule **F3** et saisissez **CA**. Dès que vous validez votre saisie, la plage s'agrandit cette fois encore pour inclure la nouvelle colonne.

Le symbole de fin de plage ◢ devrait maintenant se trouver en bas à droite de la cellule **F12**.

Complétez la saisie de la colonne comme ci-dessous (nous aurons besoin de ces chiffres un peu plus loin) :

Afficher la ligne des totaux automatiques

Un autre avantage non négligeable des tableaux de données est la possibilité d'ajouter une **ligne de totaux** sous la liste et de pouvoir afficher ou masquer cette ligne à volonté :

- Dans l'onglet contextuel *Création*, cochez l'option *Ligne total* du groupe *Options de style de tableau*
- Sur la ligne **Total** apparue en fin de tableau, cliquez sur une cellule et utilisez la flèche de liste déroulante pour choisir la fonction désirée, par exemple :
    - Cliquez sur la cellule **B13** puis cliquez sur la flèche de liste déroulante affichée à droite de la cellule et choisissez **Nombre** : Excel affiche le nombre de cellules saisies dans la colonne, à savoir **9**
    - Cliquez sur la cellule **F13** puis cliquez sur la flèche à droite de la cellule et choisissez **Moyenne**

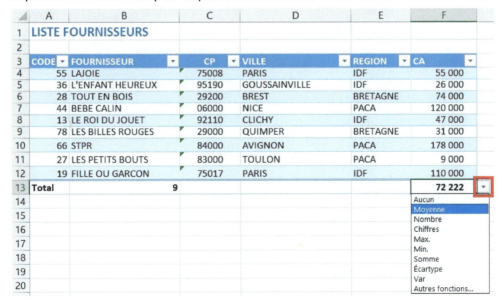

*Lorsque vous voudrez ajouter un nouvel enregistrement en fin de liste, désactivez momentanément l'option **Ligne total** et effectuez votre saisie. Lorsque vous réactiverez l'option, les mêmes totaux seront automatiquement réaffichés.*

Les noms de tableaux de données

Lors de sa création, le tableau de données se voit automatiquement attribué un nom tel que **Tableau1**, **Tableau2**... Le nom est visible dans l'onglet contextuel *Création*, groupe *Propriétés*.

Ce nom est automatiquement repris dans les formules avec références structurées (voir ci-après) ou par les outils utilisant la plage tels que les tableaux croisés dynamiques. Il est donc préférable de renommer le tableau de données de façon plus claire :

Renommer le tableau de données

- Cliquez sur une cellule du tableau de données

- Dans l'onglet *Création*, groupe *Propriétés*, effacez le nom indiqué dans la zone *Nom du tableau* et saisissez le nouveau nom, par exemple **Fournisseurs**

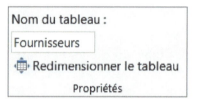

Ajouter une formule de calcul dans un tableau de données

Les formules avec références structurées

Vous serez peut-être amené à saisir des formules de calcul dans certaines colonnes.

Dans ce cas, il vous faut savoir que les formules saisies dans les tableaux de données utilisent automatiquement des références particulières, appelées *références structurées*, qui affichent les noms des champs (titres des colonnes) en lieu et place des références normales de cellules telles que B8 ou C5.

De plus, Excel considère que toute formule saisie dans une colonne est valable pour tous les enregistrements : la formule est donc instantanément recopiée sur toutes les cellules de la colonne.

Pour étudier les références structurées, nous allons ajouter une nouvelle colonne à notre tableau de données :

- Cliquez en cellule **G3** et saisissez **CA Prévisionnel**

- En cellule **G4**, saisissez le signe **=** puis cliquez sur la cellule **F4**

  Excel affiche le début de formule suivant : **=[@CA]**, où **[@CA]** représente le nom du champ de la colonne utilisée

- Complétez la saisie de la formule en ajoutant ***0.9**, ce qui donne : **=[@CA]*0,9**

- Lorsque vous validez, la formule est aussitôt recopiée sur toutes les cellules de la colonne.

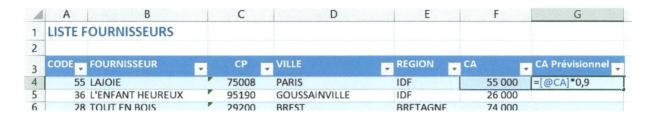

	CODE	FOURNISSEUR	CP	VILLE	REGION	CA	CA Prévisionnel
4	55	LAJOIE	75008	PARIS	IDF	55 000	=[@CA]*0,9
5	36	L'ENFANT HEUREUX	95190	GOUSSAINVILLE	IDF	26 000	
6	28	TOUT EN BOIS	29200	BREST	BRETAGNE	74 000	

 Vous pouvez éviter l'utilisation des références structurées en saisissant vous-même la référence de la cellule au lieu de cliquer sur la cellule ou en les désactivant complètement (voir ci-dessous).

Désactiver l'utilisation de références structurées

- Dans l'onglet **Fichier**, cliquer sur **Options** puis sur **Formules**
- Dans la rubrique **Manipulations de formules**, décocher l'option **Utiliser les noms de tableaux dans les formules**.

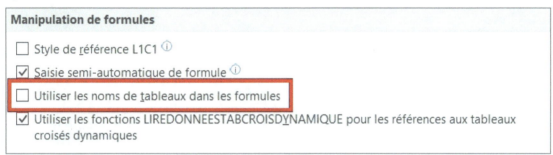

Manipulation de formules

☐ Style de référence L1C1 ⓘ

☑ Saisie semi-automatique de formule ⓘ

☐ Utiliser les noms de tableaux dans les formules

☑ Utiliser les fonctions LIREDONNEESTABCROISDYNAMIQUE pour les références aux tableaux croisés dynamiques

Revenir à une plage de cellules normale

Vous pouvez tout à fait renoncer aux tableaux de données pour retransformer la plage de cellules en plage normale :

- Cliquez sur une cellule du tableau de données
- Dans l'onglet **Création**, groupe **Outils**, cliquez sur le bouton **Convertir en plage**
- Au message d'Excel, cliquez sur **Oui**

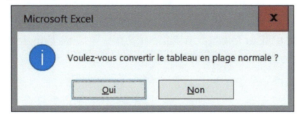

Microsoft Excel

ⓘ Voulez-vous convertir le tableau en plage normale ?

[Oui] [Non]

 *La reconversion en plage de cellules normale n'enlève pas les bordures et couleurs de remplissage des cellules, qui deviennent cependant des bordures et couleurs telles qu'appliquées par les outils standards de l'onglet **Accueil**. A noter qu'en cas de nouvel ajout de ligne, l'alternance des couleurs et autres mises en forme ne seront plus automatiquement appliquées.*

*Pour retirer les mises en forme qui subsistent, utiliser les outils de l'onglet **Accueil**.*

Enregistrez votre classeur **Ventes Jouets VotrePrénom**.

Nous allons maintenant aborder deux notions fondamentales lorsqu'il s'agit de manipuler les données d'une liste : le tri et le filtre.

Pour effectuer les manipulations qui suivent, vous pouvez utiliser la feuille Catalogue Jouets de votre classeur Ventes Jouets VotrePrénom.

Trier et filtrer

Avant tout, quelques définitions pour différencier le tri et le filtre :

Le tri	Le filtre
Trier consiste à réordonner les lignes de la liste selon un ou plusieurs critères (ordre alphabétique de noms de famille, ordre chronologique de date de commande, ordre numérique de montant facturé…).	Filtrer une liste consiste à ne garder visibles que les lignes de la liste répondant à un ou plusieurs critères et à masquer les autres lignes. On peut vouloir par exemple ne visualiser que les lignes d'un vendeur spécifique, d'une période donnée ou d'un certain montant.

Trier une liste

Comme nous l'avons dit, le tri des données d'une liste vous permet de réordonner les lignes de la liste de façon à mieux visualiser vos informations.

Un tri peut être demandé dans un ordre **croissant** ou **décroissant**, et ce quel que soit le type de données triées. Ainsi, vous pouvez trier en fonction d'une colonne contenant du **texte** (de A à Z ou de Z à A), des **nombres** (du plus petit au plus grand ou du plus grand au plus petit) et même des **dates** ou des **heures** (de la plus lointaine à la plus récente ou de la plus récente à la plus lointaine).

Les tris simples

La plupart du temps, nous avons simplement besoin de réordonner nos lignes selon un critère unique. Imaginons par exemple que nous voulions trier notre liste de jouets par ordre alphabétique de **nom de jouet**. Rien de plus simple :

- Cliquez sur une cellule de la colonne contenant les noms des jouets (une seule cellule, **ne sélectionnez surtout pas une partie de la liste !**)

- Dans l'onglet *Données*, groupe *Trier et filtrer*, cliquez sur le bouton *Trier de A à Z* $\overset{A}{\underset{Z}{\downarrow}}$ (alternativement, vous pouvez utiliser le bouton *Trier et filtrer* $\overset{A}{\underset{Z}{\triangledown}}$ de l'onglet *Accueil,* groupe *Edition*)

- C'est fait, notre liste est maintenant classée par ordre de nom de jouet

⁄	A	B	C	D	E	F	G	H	I	J	
1	CATALOGUE JOUETS										
2											
3	Réf Jouet	Jouet	Prix d'achat	Prix de vente	Fournisseur	Public	Date sortie	Stock	Commande en cours ?	Rayon	
4	B331	Camion pompier	45,00 €	110,00 €	BEBE CALIN	>10 ans	05/12/2015	150	N	Jeux	Camion ave
5	B788	Circuit train électrique	540,00 €	1 220,00 €	L'ENFANT HEUREUX	>10 ans	11/08/2016	5		Jeux	Circuit à de
6	A895	Dinette	62,00 €	183,00 €	L'ENFANT HEUREUX	5-10 ans	17/08/2016	5	O	Jeux	Service 32
7	A827	Games of Farve	22,00 €	45,00 €	LE ROI DU JOUET	>10 ans	04/07/2016	70	O	Vidéo	Jeu vidéo ré
8	D882	Landau	37,00 €	85,90 €	LE ROI DU JOUET	5-10 ans	19/08/2016	10	O	Jeux	Poussette 5
9	A465	Le Jeu de la Belette	20,00 €	31,20 €	TOUT EN BOIS	>10 ans	25/03/2016	80	N	Vidéo	Jeu vidéo
10	A331	Peluche Babar	36,00 €	122,00 €		0-5 ans	05/11/2015	260	N	Jeux	
11	B413	Peluche Toudoux	28,60 €	48,00 €	LAJOIE	0-5 ans	09/08/2016	450	O	Jeux	Elephant gr
12	A895	Poupée Marion	9,50 €	16,70 €	LE ROI DU JOUET	0-5 ans	06/10/2015	630	O	Jeux	Poupée chir

La sélection préalable de la liste avant d'effectuer votre tri n'est pas nécessaire car Excel comprend automatiquement que vous souhaitez trier l'ensemble de la liste et non la colonne seulement.

Attention cependant, cela exige que votre liste ne contienne ni lignes ni colonnes complètement vides et que la première ligne de la liste contenant les champs n'a aucune cellule vide.

Imaginons maintenant que nous voulions trier nos jouets par ordre de prix de vente, du prix le plus élevé au plus faible. A nouveau, deux clics suffisent :

- Cliquez sur une cellule de la colonne **Prix de vente**
- Dans l'onglet *Données*, cliquez sur le bouton *Trier de Z à A* $\begin{smallmatrix} Z \\ A \end{smallmatrix}\downarrow$
- C'est fait, les lignes se sont instantanément réordonnées par prix.

	A	B	C	D	E	F	G	H	I	J	
1	CATALOGUE JOUETS										
2											
3	Réf Jouet	Jouet	Prix d'achat	Prix de vente	Fournisseur	Public	Date sortie	Stock	Commande en cours ?	Rayon	
4	B788	Circuit train électrique	540,00 €	1 220,00 €	L'ENFANT HEUREUX	>10 ans	11/08/2016	5		Jeux	Circuit à
5	A895	Dinette	62,00 €	183,00 €	L'ENFANT HEUREUX	5-10 ans	17/08/2016	5	O	Jeux	Service 3:
6	D235	Trois valent deux	55,00 €	124,50 €	BEBE CALIN	>10 ans	04/02/2016			Vidéo	Jeu vidéo
7	A331	Peluche Babar	36,00 €	122,00 €		0-5 ans	05/11/2015	260	N	Jeux	
8	B331	Camion pompier	45,00 €	110,00 €	BEBE CALIN	>10 ans	05/12/2015	150	N	Jeux	Camion a
9	D882	Landau	37,00 €	85,90 €	LE ROI DU JOUET	5-10 ans	19/08/2016	10	O	Jeux	Poussette
10	B201	Poupée Mignonette	25,00 €	65,00 €	BEBE CALIN	5-10 ans	06/07/2015	1250	N	Jeux	30 cm rol
11	F847	Toupie aluminium	13,00 €	51,00 €	LAJOIE	5-10 ans		300	O	Jeux	
12	B413	Peluche Toudoux	28,60 €	48,00 €	LAJOIE	0-5 ans	09/08/2016	450	O	Jeux	Elephant

Exercices Trier une liste (corrigés à la fin de l'ouvrage)

Tri 1 - Triez la liste **Catalogue Jouets** par ordre de **Réf Jouet**. Les deux premières lignes doivent être les suivantes :

	Réf Jouet	Jouet	Prix d'achat	Prix de vente	Fournisseur	Public	Date sortie	Stock	Commande en cours ?	Description
3										
4	A331	Peluche Babar	36,00 €	122,00 €		0-5 ans	05/11/2015	260	N	
5	A465	Le Jeu de la Belette	20,00 €	31,20 €	TOUT EN BOIS	>10 ans	25/03/2016	80	N	Jeu de 32 cartes

Tri 2 - Triez la liste **Catalogue Jouets** par ordre de **Date sortie**, de la plus récente à la plus ancienne. Les deux premières lignes doivent être les suivantes :

	Réf Jouet	Jouet	Prix d'achat	Prix de vente	Fournisseur	Public	Date sortie	Stock	Commande en cours ?	Description
3										
4	D882	Landau	37,00 €	85,90 €	LE ROI DU JOUET	5-10 ans	19/08/2016	10	o	Poussette 55 cm couleur bleue et rouge
5	A895	Dinette	62,00 €	183,00 €	L'ENFANT HEUREUX	5-10 ans	17/08/2016	5	O	Service 32 pièces

Tri 3 - Inversez le tri pour obtenir les jouets par ordre de **Date sortie** de la plus ancienne à la plus récente :

	Réf Jouet	Jouet	Prix d'achat	Prix de vente	Fournisseur	Public	Date sortie	Stock	Commande en cours ?	Description
3										
4	B201	Poupée Mignonette	25,00 €	65,00 €	BEBE CALIN	5-10 ans	06/07/2015	1250	N	30 cm robe rouge et jaune
5	F629	Voiturette	5,45 €	9,00 €	TOUT EN BOIS	5-10 ans	11/07/2015	1800	N	Voiture verte toit ouvrant

Mais que se passe-t-il si notre tri devient plus complexe ? Par exemple, comment faire si nous avons besoin de rassembler les jouets par rayon, puis à l'intérieur de chaque rayon par fournisseur et, pour chaque fournisseur identique, par nom de jouets ?

Les tris multicritères

Voici comment procéder :

- Cliquer sur une cellule de la liste, peu importe laquelle (ou si vous préférez, sélectionnez toute la liste par le raccourci clavier **Ctrl + ***)

- Dans l'onglet *Données*, groupe *Trier et Filtrer*, cliquez sur le bouton *Trier* (ou dans l'onglet *Accueil,* groupe *Edition*, cliquez sur le bouton *Trier et filtrer* puis sur le bouton *Tri personnalisé*)

- La boite de dialogue *Tri* s'affiche à l'écran

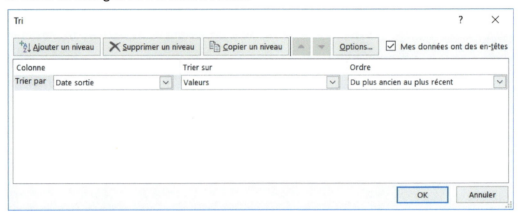

- Une première ligne de tri est déjà affichée :
  - o Sous *Colonne* à gauche, sélectionnez **Rayon** dans la liste *Trier par*
  - o Sous *Trier sur*, sélectionnez *Valeurs*
  - o Sous *Ordre* à droite, sélectionnez *De A à Z*
- Cliquez sur le bouton *Ajouter un niveau* pour obtenir une 2è ligne de tri
  - o Sous *Colonne* à gauche, sélectionnez **Fournisseur** dans la liste
  - o Sous *Trier sur*, sélectionnez *Valeurs*
  - o Sous *Ordre* à droite, sélectionnez *De A à Z*
- Cliquez sur le bouton *Ajouter un niveau* pour obtenir une 3è ligne de tri
  - o Sous *Colonne* à gauche, sélectionnez **Jouet** dans la liste
  - o Sous *Trier sur*, sélectionnez *Valeurs*
  - o Sous *Ordre* à droite, sélectionnez *De A à Z*

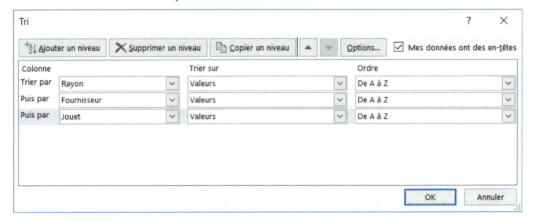

- Validez par *OK* et vérifiez le résultat obtenu : votre liste est bien triée par rayon, puis à l'intérieur de chaque rayon par fournisseur, puis par jouet pour chaque fournisseur

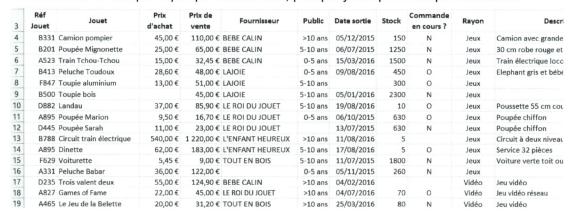

3	Réf Jouet	Jouet	Prix d'achat	Prix de vente	Fournisseur	Public	Date sortie	Stock	Commande en cours ?	Rayon	Descri
4	B331	Camion pompier	45,00 €	110,00 €	BEBE CALIN	>10 ans	05/12/2015	150	N	Jeux	Camion avec grande
5	B201	Poupée Mignonette	25,00 €	65,00 €	BEBE CALIN	5-10 ans	06/07/2015	1250	N	Jeux	30 cm robe rouge et
6	A523	Train Tchou-Tchou	15,00 €	32,45 €	BEBE CALIN	0-5 ans	15/03/2016	1500	N	Jeux	Train électrique loco
7	B413	Peluche Toudoux	28,60 €	48,00 €	LAJOIE	0-5 ans	09/08/2016	450	O	Jeux	Elephant gris et bébé
8	F847	Toupie aluminium	13,00 €	51,00 €	LAJOIE	5-10 ans		300	O	Jeux	
9	B500	Toupie bois		45,00 €	LAJOIE			2300	N	Jeux	
10	D882	Landau	37,00 €	85,90 €	LE ROI DU JOUET	5-10 ans	19/08/2016	10	O	Jeux	Poussette 55 cm cou
11	A895	Poupée Marion	9,50 €	16,70 €	LE ROI DU JOUET	0-5 ans	06/10/2015	630	O	Jeux	Poupée chiffon
12	D445	Poupée Sarah	11,00 €	23,00 €	LE ROI DU JOUET		13/07/2015	630	N	Jeux	Poupée chiffon
13	B788	Circuit train électrique	540,00 €	1 220,00 €	L'ENFANT HEUREUX	>10 ans	11/08/2016	5		Jeux	Circuit à deux niveau
14	A895	Dinette	62,00 €	183,00 €	L'ENFANT HEUREUX	5-10 ans	17/08/2016	5	O	Jeux	Service 32 pièces
15	F629	Voiturette	5,45 €	9,00 €	TOUT EN BOIS	5-10 ans	11/07/2015	1800	N	Jeux	Voiture verte toit ou
16	A331	Peluche Babar	36,00 €	122,00 €		0-5 ans	05/11/2015	260	N	Jeux	
17	D235	Trois valent deux	55,00 €	124,90 €	BEBE CALIN	>10 ans	04/02/2016			Vidéo	Jeu vidéo
18	A827	Games of Fame	22,00 €	45,00 €	LE ROI DU JOUET	>10 ans	04/07/2015	70	O	Vidéo	Jeu vidéo réseau
19	A465	Le Jeu de la Belette	20,00 €	31,20 €	TOUT EN BOIS	>10 ans	25/03/2016	80	N	Vidéo	Jeu vidéo

A noter que vous pouvez ainsi cumuler jusqu'à 64 niveaux de tris.

Admettons à présent que l'on souhaite finalement inverser les deux premières lignes de niveau de tri pour obtenir une liste ordonnée par **Fournisseur**, puis par **Rayon**, puis par **Jouet** :

- Dans la boite de dialogue *Tri*, sélectionnez la première ligne de tri
- Cliquez sur les boutons ▲ ▼ pour réordonner les tris

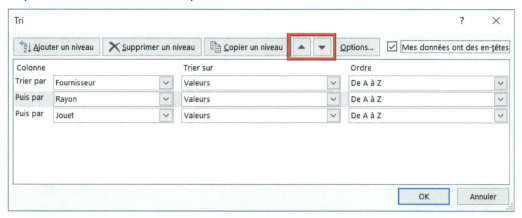

 *Si la première ligne de votre liste, censée contenir les noms des champs, comporte une seule cellule vide, l'option **Mes données ont des en-têtes** de la fenêtre des tris se décochera automatiquement, provoquant le déplacement de la ligne de titres durant le tri.*

Vous pouvez recocher l'option pour obliger Excel à utiliser la première ligne comme ligne de titres, mais le mieux serait bien sûr de veiller à n'avoir aucune cellule vide sur la première ligne de la liste.

Exercices Trier une liste (corrigés à la fin de l'ouvrage)

Activez la feuille **Liste Commandes Clients** du classeur **Ventes Jouets VotrePrénom** et effectuez les tris suivants :

Tri 4 - Trier par **Vendeur** puis par **Total HT** en ordre décroissant ; les premières lignes de la liste doivent être les suivantes :

	Code Commande	Date Commande	Client	Jouet	Prix de vente	Quantité	Vendeur	Total HT
1								
2	20163172	16/03/2016	Leblond Marion	Dinette	183,00 €	500	Caroline	91 500,00 €
3	20168188	24/08/2016	Electre Michaël	Dinette	183,00 €	360	Caroline	65 880,00 €
4	20168176	21/08/2016	Antrelle Faty	Dinette	183,00 €	300	Caroline	54 900,00 €

Tri 5 - Trier par **Jouet** puis par **Date Commande** de la plus ancienne à la plus récente

	Code Commande	Date Commande	Client	Jouet	Prix de vente	Quantité	Vendeur	Total HT
1								
2	20140159	25/01/2014	Antrelle Faty	Dinette	183,00 €	5	Jean-Marc	915,00 €
3	20140261	12/02/2014	Ledanis Maria	Dinette	183,00 €	15	Jean-Marc	2 745,00 €
4	20140263	27/02/2014	Pacifici Claude	Dinette	183,00 €	15	Caroline	2 745,00 €

Tri 6 - Trier par **Client**, puis par **Jouet**, puis par **Quantité** en ordre décroissant

	Code Commande	Date Commande	Client	Jouet	Prix de vente	Quantité	Vendeur	Total HT
1								
2	20162170	14/02/2016	Albertelli Anna	Dinette	183,00 €	30	Jean-Marc	5 490,00 €
3	20164147	02/04/2016	Albertelli Anna	Dinette	183,00 €	20	Kamel	3 660,00 €
4	20140874	02/08/2014	Albertelli Anna	Dinette	183,00 €	10	Kamel	1 830,00 €
5	20165114	21/05/2016	Albertelli Anna	Dinette	183,00 €	5	Lucie	915,00 €
6	20150598	22/05/2015	Albertelli Anna	Dinette	183,00 €	2	Kamel	366,00 €
7	20150938	28/09/2015	Albertelli Anna	Dinette	183,00 €	1	Najat	183,00 €
8	20166122	13/06/2016	Albertelli Anna	Le Jeu de la Belette	31,20 €	50	Najat	1 560,00 €
9	20140874	02/08/2014	Albertelli Anna	Le Jeu de la Belette	31,20 €	10	Kamel	312,00 €

Enregistrez votre fichier **Ventes Jouets VotrePrénom**.

Filtrer une liste

*Pour effectuer les manipulations qui suivent, vous pouvez utiliser la feuille **Catalogue Jouets** du classeur* **Ventes Jouets VotrePrénom**.

Contrairement au tri qui affiche toutes les lignes de la liste, le filtre des données permet de n'afficher que les enregistrements qui répondent à certains critères. Pour des listes importantes, cette méthode est plus pratique que la recherche. Autre avantage, une fois les données filtrées, vous pouvez imprimer le résultat du filtre.

Imaginons par exemple que nous souhaitions étudier ou modifier les jouets du fournisseur LE ROI DU JOUET. Nous allons faire en sorte de ne plus visualiser que les lignes le concernant :

Utiliser un filtre automatique.

- Cliquez sur une cellule de la liste de données.
- Dans l'onglet *Données*, groupe *Trier et filtrer*, activez le bouton *Filtrer* (ou dans l'onglet *Accueil*, groupe *Edition*, déroulez le bouton *Trier et filtrer* et cliquez sur *Filtrer*)
- Lorsque vous activez le bouton *Filtrer*, Excel affiche des flèches ▼ à droite de chaque champ ;

ces flèches permettent d'ouvrir des listes déroulantes pour indiquer le critère du filtre

	Réf Jouet	Jouet	Prix d'achat	Prix de vente	Fournisseur	Public	Date sortie	Stock
1	**CATALOGUE JOUETS**							
2								
3	Réf Jouet	Jouet	Prix d'achat	Prix de vente	Fournisseur	Public	Date sortie	Stock
4	B331	Camion pompier	45,00 €	110,00 €	BEBE CALIN	>10 ans	05/12/2015	150
5	B201	Poupée Mignonette	25,00 €	65,00 €	BEBE CALIN	5-10 ans	06/07/2015	1250
6	A523	Train Tchou-Tchou	15,00 €	32,45 €	BEBE CALIN	0-5 ans	15/03/2016	1500
7	D235	Trois valent deux	55,00 €	124,90 €	BEBE CALIN	>10 ans	04/02/2016	
8	B413	Peluche Toudoux	28,60 €	48,00 €	LAJOIE	0-5 ans	09/08/2016	450

- Cliquez sur la flèche du champ **Fournisseur** pour dérouler les critères possibles : Excel affiche chaque donnée saisie au moins une fois dans la colonne

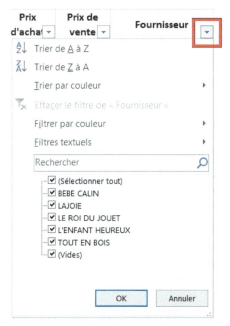

- Décochez la case en regard de **(Sélectionner tout)** et cochez la case **LE ROI DU JOUET**
- Validez, c'est fait : votre liste n'affiche plus que les lignes concernant ce fournisseur

A noter que lorsqu'un filtre est en cours d'application sur une liste, Excel le signale en colorant de bleu les en-têtes des lignes et en affichant le symbole du filtre sur la colonne concernée

Et si nous étions intéressés par deux de nos fournisseurs ? Aucun souci, retournez dérouler le filtre de la colonne **Fournisseur** et cochez également le fournisseur **TOUT EN BOIS**.

Validez, vous obtenez deux lignes supplémentaires en résultat de votre filtre.

Mais plus précisément, nous ne voulons voir que les jouets destinés aux enfants de plus de 10 ans. Un autre filtre doit être ajouté au premier, cette fois sur la colonne **Public** :

- Déroulez le filtre du champ **Public** et faites en sorte de ne laisser cochée que la case **>10 ans**

- Validez, vous obtenez le résultat suivant :

	Réf Jouet	Jouet	Prix d'achat	Prix de vente	Fournisseur	Public	Date sortie
14	A827	Games of Fame	22,00 €	45,00 €	LE ROI DU JOUET	>10 ans	04/07/2016
18	A465	Le Jeu de la Belette	20,00 €	31,20 €	TOUT EN BOIS	>10 ans	25/03/2016

 Par souci de praticité, le tri est à nouveau proposé lorsque vous déroulez un filtre.

N'hésitez pas à l'utiliser, mais ne confondez toutefois pas ces deux outils, dont la finalité est totalement différente comme nous l'avons vu plus haut.

Annuler l'effet d'un filtre

Pour annuler un filtre, plusieurs méthodes existent :

- Déroulez chaque flèche sur laquelle le petit filtre 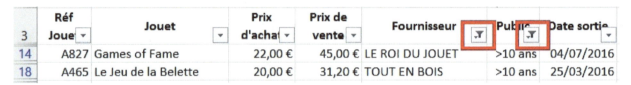 est apparent et choisissez *Effacer le filtre de…* ou cochez la case *Sélectionner tout*

  Ou

- Dans l'onglet *Données*, cliquez sur *Effacer* du groupe *Trier et filtrer* pour annuler tous les filtres actifs

*La **zone de recherche** disponible dans le filtre automatique vous permet de saisir partie d'un texte.*

*Par exemple, déroulez le filtre du champ **Jouet** et saisissez les lettres **Pou** : Excel n'affiche plus que les données contenant ces lettres*

Exercices Filtrer une liste (corrigés à la fin de l'ouvrage)

Activez la feuille **Liste Clients Jouets** du classeur **Ventes Jouets VotrePrénom** et réalisez les exercices suivants (supprimez les filtres pour réafficher la liste complète entre chaque exercice) :

Filtre 1 - Affichez les femmes habitant Paris + triez les lignes par ordre alphabétique de Nom (12 lignes)

2	N° client	Nom	Prénom	Gen	Date naissan	CP	Ville	CA	Ancienne	Nb enfan	Carte fidélit
3	1976-JA348	AMONT	Jeanne	F	26/05/1976	75008	Paris	13000	2006	2	En cours
4	1947-CC236	ANTRELLE	Faty	F	09/06/1947	75008	Paris	1555	1992	1	Non
7	1967-MB706	BOULLIET	Mauricette	F	10/02/1967	75001	Paris	1325	2015	5	En cours
8	1980-LD529	DEMIANVRE	Lucette	F	05/05/1980	75008	Paris	1125	2011		Périmée

Filtre 2 - Affichez les clients dont le nom contient les lettres **TO** + triez les lignes par ordre de n° client (3 lignes)

22	1936-HP845	TORTAL	Romain	H	23/07/1936	95190	Goussain	4150	1993	3	En cours
29	1972-ET983	TONIN	Elvire	F	06/04/1972	75001	Paris	1080	2006	2	Non
46	2013-BN815	MOTORIN	Milène	F	11/07/1990	75008	Paris	3250	2016	3	En cours

Filtre 3 - Affichez les hommes ayant au moins trois enfants et habitant à Paris ou à Levallois + triez les lignes par date de naissance, du plus vieux au plus jeune (4 lignes).

10	1959-PC497	STEND	Susie	H	04/08/1959	92300	Levallois-	1210	1993	3	Périmée
11	1960-PH678	ELECTRE	Michaël	H	07/08/1960	75009	Paris	3450	1994	3	Non
21	1963-CM941	MAURICE	Claude	H	25/02/1963	75008	Paris	1530	2006	3	Non
43	1985-HV499	VALMONT	Henri	H	25/10/1985	75008	Paris	975	2016	3	En cours

Filtre 4 - Afficher les clients n'ayant pas d'enfants + triez les lignes par ordre alphabétique de nom (7 lignes)

8	1980-LD529	DEMIANVRE	Lucette	F	05/05/1980	75008	Paris	1125	2011		Périmée
13	1985-ME413	ENTEVRIER	Michaël	H	15/11/1985	92600	Asnières	250	2014		Non
17	1975-PE900	ETALIT	Philippe	H	08/08/1975	92110	Clichy la (	1250	2005		Non
27	1951-AV717	LEBLOND	Marion	H	16/10/1951	92300	Levallois-	310	2010		Non
38	1959-TM603	MICHELET	Jacky	H	31/12/1959	92110	Clichy la (	1130	1995		En cours
40	1985-AS899	SIDONE	Amélie	F	14/07/1985	92600	Asnières	1100	2014		En cours
41	1965-FT218	TRAVORS	Frédéric	H	30/12/1965	75009	Paris	1000	2014		Non

Désactivez tous les filtres pour revenir à la liste complète.

Les critères préétablis du filtre automatique

Revenez à la feuille **Catalogue Jouets** du classeur **Ventes Jouets VotrePrénom.**

Il se peut que les cases à cocher et la zone de recherche ne répondent pas à vos besoins de filtre. Dans ce cas, d'autres possibilités vous sont proposées.

Les filtres numériques

- Cliquez par exemple sur le filtre du champ Stock, puis sur **Filtres numériques** : Excel vous propose plusieurs choix spécifiques au type de données trouvées dans la colonne, à savoir des nombres.

- Testez par exemple le filtre **Supérieur ou égal à** pour n'afficher que les jouets dont le stock est au-dessus de 1 000.

- Effacez votre filtre puis testez le filtre **En dessous de la moyenne**

- Effacez à nouveau votre filtre pour revenir à la liste compète.

Les filtres Textuels

- Déroulez à présent le filtre de la colonne **Réf Jouet**. Cette fois, Excel vous parle de **Filtres textuels** (à noter en passant que la saisie alphanumérique est considérée comme une donnée texte).

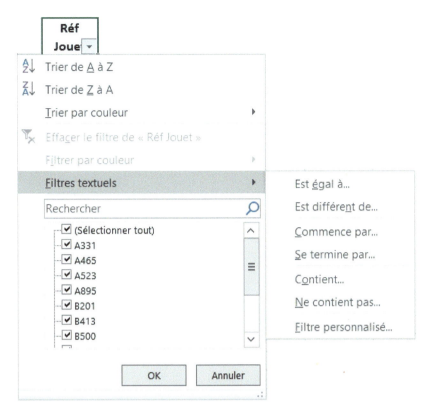

Nous voulons afficher par exemple tous les jouets dont la référence commence soit par un **A**, soit par un **D** :

- Déroulez le filtre de la colonne Réf Jouet et cliquez sur ***Filtres textuels***
- Cliquez sur ***Commence par***
- Dans la boite de dialogue qui s'affiche, complétez les critères du filtre tel qu'indiqué ci-dessous, sans omettre d'activer l'option ***Ou*** entre les deux lignes de critères

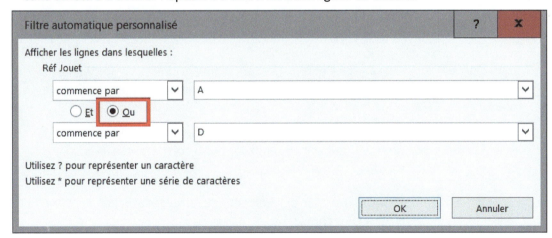

- Validez et vérifiez le résultat de votre filtre sur votre liste : seuls les 7 enregistrements dont la référence commence par un **A** ou par un **D** sont affichés
- Effacez votre filtre pour revenir à la liste complète

Les filtres chronologiques

Déroulez maintenant le filtre de la colonne **Date sortie**. Cette fois encore, Excel s'est adapté au contenu des cellules et propose des *Filtres chronologiques*. Cliquez, vous découvrirez une multitude de choix de filtres qui vous permettront par exemple de filtrer **par mois**, **par trimestre**, **par année** et bien d'autres encore.

Imaginons par exemple rechercher jouets sortis entre le 1er février et 15 mars 2016 :

- Déroulez le filtre **Date sortie** et cliquez sur *Filtres chronologiques* puis sur *Entre*
- Dans la boite de dialogue qui s'affiche, saisissez 1/2/2016 dans la première zone et 15/3/2016 dans la seconde zone (ou utilisez les sélecteurs de dates 📅 à droite de chaque zone pour sélectionner les dates)
- Laissez les critères reliés par un **Et**

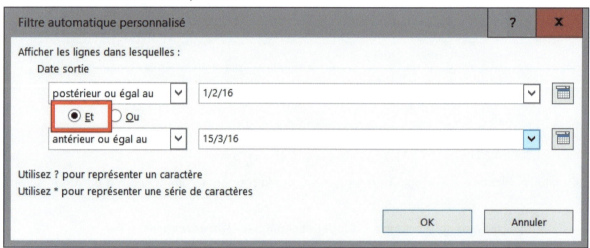

- Validez et vérifiez le résultat de votre filtre sur votre liste : seuls 2 enregistrements restent affichés
- Effacez votre filtre pour revenir à la liste complète

Quelle est la différence entre OU et ET ?

- L'option "**Et**" doit être utilisée si les enregistrements doivent répondre aux 2 critères.
  Exemple : la date des enregistrements retenus doit en même temps être postérieure au 1/2/16 et antérieure au 15/3/16.

- L'option "**Ou**" s'utilise s'il suffit que les enregistrements répondent à l'un ou l'autre des critères.
  Exemple : la référence du jouet doit soit commencer par A soit commencer par D.

Filtrer par 10 premiers

Un autre type de filtre préétabli existe, qui vous permettra par exemple d'afficher les X jouets les plus chers ou, à l'inverse, les X jouets les moins chers :

- Déroulez le filtre **Prix de vente**, cliquez sur *Filtre Numérique*
- Cliquez sur *10 premiers*
- Renseignez comme suit la boite de dialogue qui s'affiche pour obtenir les 5 jouets les plus chers :

- Pour afficher cette fois les 10 jouets les moins chers, revenez dans la boite de dialogue et renseignez-la de la façon suivante :

Filtrer par couleur

Longtemps impossible, l'utilisation des couleurs pour filtrer une liste est une nouveauté bienvenue. Imaginons par exemple que vous ayez choisi de marquer par une couleur de police ou de remplissage certains jouets à surveiller.

Vous pouvez désormais utiliser le filtre pour les afficher.

Pour les besoins de l'exercice, commencez par ajouter quelques couleurs à notre liste (bouton *Couleur de remplissage* 🖌 ▾ de l'onglet *Accueil*, groupe *Police*) :

- Ajoutez une couleur de remplissage verte aux cellules de la colonne **Jouet** contenant **Landau**, **Voiturette** et **Camion pompier**

- Ajoutez une couleur de remplissage rouge aux cellules contenant **Toupie bois** et **Dinette**.

Nous pouvons maintenant tester le filtre par couleur :

- Cliquez sur le filtre de la colonne **Jouet** puis cliquez sur *Filtrer par couleur* et enfin sur la couleur voulue : seules les lignes de la couleur correspondante s'affichent

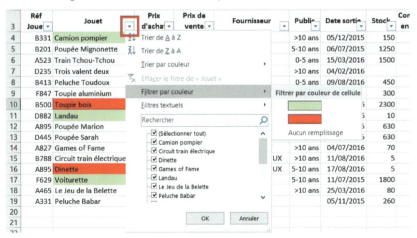

Exercices Filtrer une liste (corrigés à la fin de l'ouvrage)

Activez la feuille **Liste commandes clients** du classeur Ventes Jouets VotrePrénom et réalisez les filtres suivants :

Filtre 5 - Afficher les lignes des vendeurs **Kamel** et **Caroline** dont le **Total HT** est d'au moins **2 000 €** ; triez la liste par ordre décroissant sur la colonne **Total HT**. Les premières lignes doivent être les suivants :

3	20166118	25/06/2016	Leblond Marion	Dinette	183,00 €	12	Kamel	2 196,00 €
34	20141291	15/12/2014	Leblond Marion	Peluche Toudoux	48,00 €	50	Kamel	2 400,00 €
46	20168143	20/08/2016	Pacifici Claude	Peluche Toudoux	48,00 €	50	Caroline	2 400,00 €
48	20140558	29/05/2014	Stend Susie	Peluche Toudoux	48,00 €	50	Caroline	2 400,00 €
64	20150198	07/01/2015	Tortal Romain	Peluche Toudoux	48,00 €	50	Kamel	2 400,00 €
67	20141299	30/12/2014	Leblond Marion	Voiture miniature	9,00 €	300	Kamel	2 700,00 €

Filtre 6 -Afficher les commandes passées entre le **1er** et le **15/08/2016** ; triez la liste par **Vendeur** puis par **Jouet**

404	20168134	13/08/2016	Stend Susie	Dinette	183,00 €	5	Caroline	915,00 €
405	20168134	13/08/2016	Stend Susie	Peluche Toudoux	48,00 €	20	Caroline	960,00 €
406	20168133	12/08/2016	Albertelli Anna	Train Tchou-Tchou	32,45 €	1	Caroline	32,45 €
407	20168196	13/08/2016	Leblond Marion	Train Tchou-Tchou	32,45 €	2	Caroline	64,90 €
408	20168134	13/08/2016	Stend Susie	Train Tchou-Tchou	32,45 €	15	Caroline	486,75 €
409	20168140	15/08/2016	Pacifici Claude	Le Jeu de la Belette	31,20 €	5	Jean-Marc	156,00 €
410	20168140	15/08/2016	Pacifici Claude	Poupée Mignonette	65,00 €	15	Jean-Marc	975,00 €
411	20168132	12/08/2016	Ledanis Maria	Le Jeu de la Belette	31,20 €	15	Kamel	468,00 €
412	20168191	01/08/2016	Leblond Marion	Peluche Toudoux	48,00 €	3	Kamel	144,00 €
413	20168132	12/08/2016	Ledanis Maria	Poupée Mignonette	65,00 €	1	Kamel	65,00 €

Filtre 7 -Afficher les lignes dont le **Total HT** se situe au-dessus de la moyenne ; triez la liste par ordre décroissant sur la colonne **Total HT**

38	20164146	07/04/2016	Pacifici Claude	Dinette	183,00 €	1300	Lucie	237 900,00 €
59	20168141	19/08/2016	Ledanis Maria	Trois valent deux	124,90 €	1200	Lucie	149 880,00 €
85	20153186	28/03/2015	Antrelle Faty	Dinette	183,00 €	540	Lucie	98 820,00 €
86	20166189	26/06/2016	Tortal Romain	Dinette	183,00 €	540	Jean-Marc	98 820,00 €
88	20163172	16/03/2016	Leblond Marion	Dinette	183,00 €	500	Caroline	91 500,00 €
90	20168188	24/08/2016	Electre Michaël	Dinette	183,00 €	360	Caroline	65 880,00 €

Filtre 8 -Afficher les 5 lignes aux quantités les plus élevées (sans utiliser les cases à cocher)

14	20151217	12/12/2015	Tortal Romain	Voiture miniature	9,00 €	2000	Jean-Marc	18 000,00 €
37	20168144	23/08/2016	Ledanis Maria	Le Jeu de la Belette	31,20 €	1500	Lucie	46 800,00 €
90	20164146	07/04/2016	Pacifici Claude	Dinette	183,00 €	1300	Lucie	237 900,00 €
92	20168141	19/08/2016	Ledanis Maria	Trois valent deux	124,90 €	1200	Lucie	149 880,00 €
256	20164146	07/04/2016	Pacifici Claude	Train Tchou-Tchou	32,45 €	1200	Lucie	38 940,00 €

Filtre 9 -Afficher les lignes de couleur orange

44	20140671	07/06/2014	Michelet Jacky	Voiture miniature	9,00 €	30	Jean-Marc	270,00 €
56	20140874	02/08/2014	Albertelli Anna	Train Tchou-Tchou	32,45 €	10	Kamel	324,50 €
77	20141183	25/11/2014	Tortal Romain	Train Tchou-Tchou	32,45 €	5	Najat	162,25 €

Enregistrer et refermez votre classeur **Ventes Jouets VotrePrénom**.

Utiliser un filtre avancé (filtre élaboré)

Pour effectuer les manipulations qui suivent, ouvrez le classeur **Listes diverses** *mis à votre disposition sur le réseau et enregistrez-le dans votre dossier sous le nom* **Listes diverses VotrePrénom**. *Activez la feuille* **Liste Musique**.

Les *filtres avancés*, également appelés *filtres élaborés*, permettent de combiner autant de critères que nécessaire, qu'ils soient reliés par des relations **ET** ou **OU**. Ils permettent en outre d'effectuer des sélections selon des critères calculés ou de copier les données extraites vers un emplacement différent.

Contrairement aux filtres automatiques qui vous proposent des critères préétablis accessibles via une liste déroulante, les filtres avancés nécessitent que vous créiez vous-même, séparément de la liste, une *zone de critères*.

Créer une zone de critères :

Une *zone de critères* est une plage de cellules où seront indiqués :

- sur la 1ère ligne, le ou les noms de champs repris de la liste de données (vous pouvez par souci d'exactitude effectuer un copier-coller des champs plutôt qu'une ressaisie, toujours source d'erreur)
- à partir de la 2ème ligne, le ou les critères à appliquer

L'emplacement de la *zone de critères* est libre. Par commodité, elle est généralement placée soit juste au-dessus, soit au-dessus et à droite de la liste de données. Dans tous les cas, elle doit toujours rester bien séparée des cellules de la liste de données par au moins une ligne ou une colonne complètement vide.

Par exemple, dans les cellules **J1** à **L4** de la feuille **Liste Musique**, saisissez les critères ci-dessous :

J	K	L
CA VENTES	CA VENTES	COMMERCIAL
>=2000	<=2500	BASSO
>=1000	<=1500	BASSO
>=5000		MALEK

Ces critères nous permettront d'afficher les enregistrements répondant aux conditions suivantes :
- ceux du commercial Basso dont le **CA Ventes** est supérieur ou égal à **2000** **ET** inférieur ou égal à **2500**
- **OU** ceux du commercial Basso, dont le **CA Ventes** est supérieur ou égal à **1000** **ET** inférieur ou égal à **1500**
- **OU** ceux du commercial Malek dont le **CA Ventes** est supérieur ou égal à **5000.**

 *Saisir des critères **sur une même ligne** revient à les relier par l'opérateur **ET** (ici, le premier critère indique que le commercial doit être Basso **ET** que son CA Ventes doit être entre 2000 et 2500).*
*Lorsque les critères sont saisis **sur des lignes différentes**, Excel les considère comme reliés par l'opérateur **OU**.*

Les opérateurs utilisables dans la zone de critères

Pour l'écriture des critères, vous pouvez utiliser les opérateurs suivants :

=	égal à	<	inférieur à	>	supérieur à
<>	différent de	<=	inférieur ou égal à	>=	supérieur ou égal à

Lancer le filtre avancé

Une fois votre zone de critères complétée, vous devez lancer le filtre avancé en indiquant :
- ✓ L'emplacement de la liste de données (zone **Plages**)
- ✓ L'emplacement de la zone de critères
- ✓ Facultativement, la zone d'extraction (voir chapitre suivant)

Pour lancer le filtre avancé, procédez comme suit :
- Cliquez sur une cellule de la liste de données de la feuille **Liste musique**
- Dans l'onglet **Données**, groupe **Trier et filtrer,** cliquez sur **Avancé**

- La boite de dialogue **Filtre avancé** s'affiche
- Choisissez l'option **Filtrer la liste sur place**
- Vérifiez que les références proposées de la zone **Plages** indiquent bien l'emplacement de la liste de données
- Cliquez pour positionner votre curseur dans la zone **Zone de critères** puis sélectionnez les cellules de la feuille contenant la **zone de critères** (y compris la première ligne contenant les noms des champs)

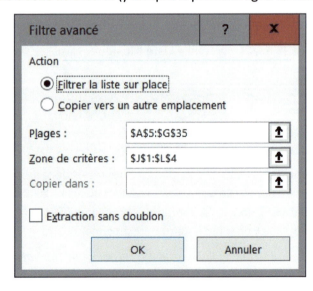

- Validez par **OK** pour lancer le filtre

- La liste est filtrée pour ne plus afficher que les enregistrements répondant aux critères indiqués. Tout comme pour les filtres automatiques, les numéros de lignes s'affichent en bleu pour signaler la présence d'un filtre.

	A	B	C	D	E	F	G
5	COMMERCIAL	MOIS	STYLE	SUPPORT	NOMBRE DE VENTES	CA VENTES	COMMISSI
11	BASSO	Janvier	Hip hop	DVD	188	2 448,00 €	
13	BASSO	Février	Classique	CD	172	2 240,00 €	
14	BASSO	Mars	Classique	CD	107	1 400,00 €	
22	MALEK	Janvier	Variétés	CD	2 220	28 860,00 €	5
24	MALEK	Février	Rock	DVD	461	6 000,00 €	1
25	MALEK	Février	Hip hop	DVD	5 297	68 864,00 €	1 2
27	MALEK	Mars	Rock	DVD	529	6 880,00 €	1

Effacer un filtre avancé

Pour supprimer le filtre et revenir à l'affichage complet de la liste, cliquez sur le bouton *Effacer* dans l'onglet *Données*, groupe *Trier et filtrer*.

Exercices Filtres avancés (corrigés à la fin de l'ouvrage)

Filtre avancé 1 - Afficher les enregistrements des commerciaux **Malek**, **Dubus** et **Basso** concernant la musique **Rock** pour un CA Ventes de **10 000 €** minimum, hors mois de Février. Résultat attendu :

	A	B	C	D	E	F
5	COMMERCIAL	MOIS	STYLE	SUPPORT	NOMBRE DE VENTES	CA VENTES
12	BASSO	Janvier	Rock	CD	1 883	24 480,00 €
17	DUBUS	Janvier	Rock	DVD	5 261	68 400,00 €
19	DUBUS	Février	Rock	DVD	4 923	64 000,00 €
21	DUBUS	Mars	Rock	DVD	3 450	44 860,00 €
27	MALEK	Mars	Rock	DVD	1 520	16 880,00 €

Lancer le filtre avancé avec recopie

Le grand avantage des filtres avancés par rapport aux filtres automatiques est la possibilité de récupérer le résultat du filtre en dehors de la liste originale (en-dessous de celle-ci par exemple). On parle dans ce cas de « *copie vers un autre emplacement* ».

Pour reprendre notre premier exemple de filtre avancé, nous voulons appliquer les mêmes critères mais cette fois, voulons que les enregistrements correspondants soient recopiés en-dessous de la liste :

- Si besoin, créez à nouveau la zone de critères suivante dans les cellules J1:L4 de la feuille **Liste Musique**

J	K	L
CA VENTES	CA VENTES	COMMERCIAL
>=2000	<=2500	BASSO
>=1000	<=1500	BASSO
>=5000		MALEK

- Cliquez sur une cellule de la liste de données
- Dans l'onglet *Données*, groupe *Trier et filtrer,* cliquez sur *Avancé*
- La boite de dialogue *Filtre avancé* s'affiche
- Activez l'option *Copier vers un autre emplacement*
- Vérifiez que les références proposées de la zone *Plages* indiquent bien l'emplacement de la liste de données
- Cliquez pour positionner votre curseur dans la zone *Zone de critères* puis sélectionnez les cellules de la feuille contenant la *zone de critères*
- Cliquez pour positionner votre curseur dans la zone *Copier dans*
- Cliquez sur une cellule en-dessous de la liste (par exemple A42) pour indiquer le point de départ de l'extraction

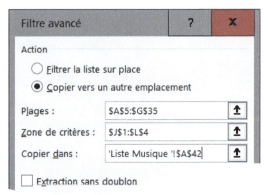

- Validez par *OK*
- Les lignes de la liste répondant aux critères sont copiées à partir de la cellule **A42**

42	COMMERCIAL	MOIS	STYLE	SUPPORT	NOMBRE DE VENTES	CA VENTES
43	BASSO	Janvier	Hip hop	DVD	188	2 448,00 €
44	BASSO	Février	Classique	CD	172	2 240,00 €
45	BASSO	Mars	Classique	CD	107	1 400,00 €
46	MALEK	Janvier	Variétés	CD	2 220	28 860,00 €
47	MALEK	Février	Rock	DVD	461	6 000,00 €
48	MALEK	Février	Hip hop	DVD	5 297	68 864,00 €
49	MALEK	Mars	Rock	DVD	529	6 880,00 €

Lancer le filtre avancé avec recopie et sélection des champs

Vous pouvez aller plus loin en prévoyant quelles colonnes devront être recopiées durant l'extraction : il vous suffit d'indiquer les noms des champs à extraire sous la liste puis de les sélectionner lors du lancement du filtre élaboré.

Pour commencer, nous allons préparer la zone d'extraction :
- Supprimez les lignes 42 à 49 pour supprimer le résultat de l'extraction précédente
- Saisissez ou copiez sous la liste (par exemple en ligne 42) les noms des champs à extraire (par exemple les champs **Commercial, Mois, Nombre de ventes** et **CA Ventes**)

Notre zone de critères ne change pas, elle est donc déjà prête. Il nous suffit maintenant de relancer notre filtre avancé :

- Cliquez sur une cellule de la liste de données
- Dans l'onglet *Données*, groupe *Trier et filtrer,* cliquez sur *Avancé*
- La boite de dialogue *Filtre avancé* s'affiche
- Choisissez l'option *Copier vers un autre emplacement*
- Vérifiez que les références proposées de la zone *Plages* indiquent bien l'emplacement de la liste de données
- Vérifiez que les références proposées de la zone *Zone de critères* indiquent bien l'emplacement de la zone de critères
- Cliquez pour positionner votre curseur dans la zone *Copier dans*
- Sélectionnez les cellules **A42** à **D42**

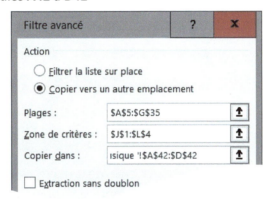

- Validez par *OK*
- Les lignes de la liste répondant aux critères sont copiées à partir de la cellule **A42** mais cette fois dans la limite des champs prévus

42	COMMERCIAL	MOIS	NOMBRE DE VENTES	CA VENTES
43	BASSO	Janvier	188	2 448,00 €
44	BASSO	Février	172	2 240,00 €
45	BASSO	Mars	107	1 400,00 €
46	MALEK	Janvier	2 220	28 860,00 €
47	MALEK	Février	461	6 000,00 €
48	MALEK	Février	5 297	68 864,00 €
49	MALEK	Mars	529	6 880,00 €

 A noter que vous pourriez copier le résultat du filtre sur une autre feuille que celle contenant la liste de données. Il vous faudra dans ce cas :
- *créer la zone de critères sur l'autre feuille*
- *toujours dans l'autre feuille, indiquer si besoin les champs à recopier (si rien n'est indiqué, Excel recopiera tous les champs de la liste)*
- *lancer le filtre avancé depuis la seconde feuille*

Exercices Filtres avancés (corrigés à la fin de l'ouvrage)

Filtre avancé 2 – Extraire sous la liste (à partir de la ligne 39) les enregistrements des commerciaux **Audoreen** et **Basso** pour un CA Ventes de moins de 3000, en ne copiant que les colonnes **Commercial, Mois, CA Ventes** et **Commissions.** Résultat attendu :

39	COMMERCIAL	MOIS	CA VENTES	COMMISSIONS
40	AUDOREEN	Mars	2 240,00 €	40,00 €
41	BASSO	Janvier	2 448,00 €	44,00 €
42	BASSO	Février	2 240,00 €	40,00 €
43	BASSO	Mars	1 400,00 €	25,00 €
44	BASSO	Janvier	248,00 €	4,00 €

Enregistrez et refermez votre classeur **Listes diverses VotrePrénom.**

Les tableaux croisés dynamiques

Définition et utilité d'un tableau croisé dynamique

L'organisation linéaire des listes de données, idéale pour la saisie simplifiée et les manipulations d'un grand nombre d'informations, rend cependant les calculs statistiques difficiles, voire impossibles. Les tableaux croisés dynamiques (TCD) vont nous permettre d'obtenir ces statistiques aussi simplement que rapidement.

En effet, les tableaux croisés dynamiques sont des tableaux interactifs générés par Excel permettant de réaliser rapidement une synthèse calculée (somme, comptage, moyenne...) des informations d'une liste de données.

Sur une liste représentant les salariés d'une entreprise par exemple, un TCD permet d'obtenir en quelques clics la masse salariale par service, ou la moyenne des salaires par catégorie d'employés ou encore le nombre d'hommes et de femmes par métier.

Un tableau croisé dynamique vous permet ainsi d'examiner selon plusieurs perspectives les informations stockées dans votre liste.

 Pour aborder ce module, il est préférable de maîtriser la gestion des listes de données, ainsi que les fonctions statistiques de base d'Excel (SOMME, NBVAL, MOYENNE, ...).

Un peu de théorie avant de commencer...

Voici ci-dessous la représentation d'une liste d'articles (très courte mais représentative) sur laquelle nous allons bientôt travailler. Prenez quelques minutes pour la regarder de plus près, et pour lire les explications qui suivent avant que nous nous lancions dans la création proprement dite de votre premier tableau croisé dynamique.

Pour rappel, les informations d'une liste sont organisées en colonnes (champs) et en lignes (enregistrements). Ici, notre petite liste comporte cinq champs et onze enregistrements.

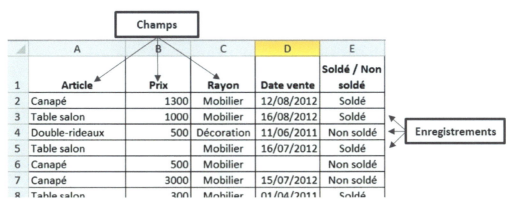

Afin de vous donner un aperçu des nombreuses possibilités de l'outil, nous avons créé à partir de la liste ci-dessus quelques exemples de tableaux croisés dynamiques, présentés ci-dessous (n'essayez pas de les reproduire pour l'instant) :

TCD 1 : total des ventes par article et par rayon

| Somme de Prix | Étiquettes de colonnes ▾ | | |
Étiquettes de lignes ▾	Décoration	Mobilier	Total général
Canapé		4800	4800
Double-rideaux	900		900
Lampe	215		215
Stores	150		150
Table salon		1300	1300
Total général	**1265**	**6100**	**7365**

TCD 2 : chiffre d'affaires et nombre d'articles soldés et non soldés

Étiquettes de lignes ▾	Somme de Prix	Nombre de Article
Non soldé	4150	4
Soldé	3215	7
Total général	**7365**	**11**

TCD 3 : prix moyen des articles

Étiquettes de lignes ▾	Moyenne de Prix
Canapé	1600
Double-rideaux	450
Lampe	107,5
Stores	150
Table salon	650
Total général	**736,5**

Aucune limite, vous pouvez choisir de créer autant de tableaux croisés dynamiques que nécessaire à partir de la même liste de données. Quant aux synthèses calculées que vous pouvez demander, il s'agit le plus souvent des fonctions statistiques de base d'Excel : la somme, la moyenne, le comptage...

Courage, encore un peu de théorie avant de commencer...

Voyons à présent quelle est la logique employée par Excel pour créer ces fameux tableaux croisés dynamiques. Portez une attention toute particulière aux explications qui vont suivre, car leur compréhension est indispensable à une bonne maîtrise de cette fonctionnalité simple et complexe à la fois.

Reprenons pour cela notre premier exemple de tableau croisé dynamique :

Somme de Prix	Étiquettes de colonnes		
Étiquettes de lignes	Décoration	Mobilier	Total général
Canapé		4800	4800
Double-rideaux	900		900
Lampe	215		215
Stores	150		150
Table salon		1300	1300
Total général	**1265**	**6100**	**7365**

Pour obtenir ce tableau, il vous aura tout d'abord fallu décider quelle était la synthèse calculée que vous souhaitiez obtenir (une somme, une moyenne, un comptage… ?). Dans ce tableau, il s'agit de toute évidence d'une _somme_. Si vous vous reportez à la liste des ventes ci-dessus, la somme en question porte de façon tout aussi évidente sur le champ **Prix**.

Nous avons également dû indiquer à Excel que nous voulions obtenir ce total par **Article** et par **Rayon**. Et plus précisément, que les articles devaient se présenter sur des _lignes_ différentes, tandis que les rayons se présenteraient sur des _colonnes_ différentes.

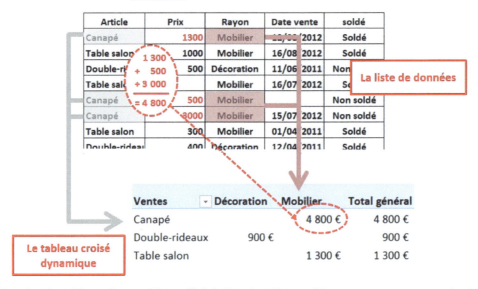

Pour pouvoir créer le tableau de synthèse affiché, Excel a dû procéder au **regroupement** des informations identiques trouvées dans la colonne **Article** de la liste. Ainsi, les trois enregistrements indiquant l'article **Canapé** ont été regroupées en une seule ligne dans le TCD ; le même procédé s'est appliqué aux enregistrements des autres articles. De même, un autre regroupement a été effectué sur les informations identiques trouvées dans la colonne **Rayon**.

Une fois ces regroupements effectués, Excel a pu procéder à la _somme_ des chiffres trouvés dans la colonne des prix.

Assez de théorie, il est temps de passer à la pratique !

Pour effectuer les manipulations qui suivent, ouvrez le classeur **Base de données pour TCD** mis à votre disposition sur le réseau et enregistrez-le dans votre dossier sous le nom **Base de données pour TCD VotrePrénom.**

Création du Tableau Croisé Dynamique

- Activez la feuille **Liste Ventes Articles** du classeur Base de données pour TCD VotrePrénom
- Sélectionnez la liste entière ou cliquez sur une de ses cellules (Excel sélectionnera automatiquement toute la liste pour créer le TCD).
- Dans l'onglet *Insertion/Insérer*, groupe *Tableaux*, cliquez sur le bouton *Tableau Croisé Dynamique*

    La boite de dialogue ci-dessous s'affiche, indiquant :
    - La plage de cellules utilisée comme source pour la création du TCD
    - Que le TCD sera créé sur une nouvelle feuille (laquelle sera insérée juste avant la feuille contenant la liste)

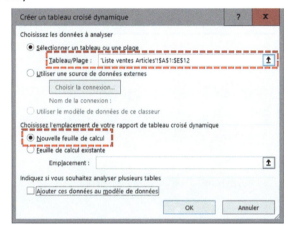

- Validez par OK. Une nouvelle feuille s'ajoute aussitôt au classeur, contenant tous les outils nécessaires à la construction de votre TCD :
    - Sur la droite de l'écran, le *Volet Office* contenant
        - la **liste des champs** (colonnes de la liste)
        - les **zones de positionnement des champs** (*Lignes*, *Colonnes*, *Valeurs* et *Filtres*)
    - Sur la nouvelle feuille Excel, la **zone d'affichage** du tableau croisé dynamique

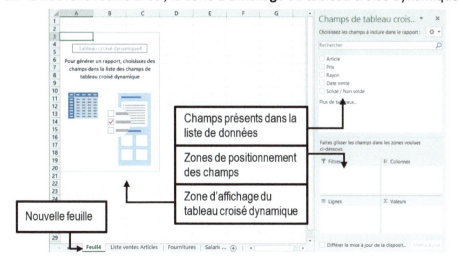

Pour construire votre TCD, vous allez devoir positionner correctement vos champs : pour cela, il vous suffit de les faire glisser depuis la liste du volet Office jusqu'à l'une des zones de positionnement : *Lignes* (regroupement), *Colonnes* (regroupement), *Valeurs* (champ calculé) ou *Filtres* (que nous aborderons en détail un peu plus tard)).

 Des cases à cocher sont proposées à la gauche des champs dans la liste des champs ; si vous cliquez dessus pour les activer, Excel tentera de placer lui-même le champ dans la zone de positionnement qui lui semble convenir, avec des résultats plus ou moins efficaces.

Nous vous conseillons de prendre l'habitude de faire glisser vous-même vos champs depuis la liste jusqu'à la zone de positionnement que vous voulez utiliser. La case à cocher s'activera alors automatiquement pour indiquer que le champ est utilisé dans le TCD.

Nous allons commencer par la zone *Lignes,* qui est normalement la première à renseigner. En effet, sauf cas exceptionnel, vous aurez toujours besoin d'informations en ligne et cela vous aidera dans l'élaboration de votre TCD.

Dans notre cas, il s'agit de faire glisser le champ **Article** dans la zone *Lignes* :

- A l'aide de votre souris, cliquez sur **Article** dans la liste des champs et faites-le glisser jusqu'à la zone *Lignes*

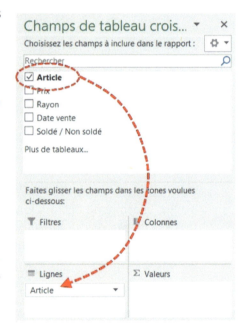

 Si la liste des champs ci-contre n'est pas affichée à l'écran :

- Cliquer sur la zone d'affichage du TCD dans la feuille

Si elle ne s'affiche toujours pas :

- Cliquer dans la feuille de calcul sur la zone d'affichage du TCD puis dans l'onglet contextuel *Analyse*, groupe *Afficher*, activez le bouton *Liste des champs*

- Lorsque vous relâchez le bouton de la souris, vous devriez obtenir l'amorce du tableau croisé dynamique suivant :

Comme vous pouvez le constater, chaque article différent trouvé dans la colonne **Article** de la liste a généré une et une seule **ligne** dans le TCD.

Nos articles étant présentés en ligne, nous allons maintenant demander à ce que la somme des prix soit calculée pour chaque article :

- A l'aide de votre souris, cliquez sur **Prix** dans la liste des champs et faites-le glisser jusqu'à la zone *Valeurs*

- Lorsque vous relâchez le bouton de la souris, vous devriez obtenir le tableau croisé dynamique suivant :

Le TCD représente chaque article sur une ligne, soit cinq lignes et ajoute une dernière ligne **Total général**.

Étiquettes de lignes ▾	Somme de Prix
Canapé	4800
Double-rideaux	900
Lampe	215
Stores	150
Table salon	1300
Total général	**7365**

C'est fait, nous avons créé notre premier tableau croisé dynamique ! En quelques clics, nous avons demandé et obtenu une synthèse calculée sur notre liste et connaissons le chiffre d'affaires pour chaque article.

Champ en Lignes et champ en Colonnes

Mais voyons maintenant ce qui se serait passé si vous aviez préféré positionner le champ **Article** en colonne plutôt qu'en ligne. Inutile de créer un nouveau TCD, nous allons plutôt apprendre à modifier un TCD existant.

Pour cela, cliquez sur votre TCD puis utilisez la liste des champs du volet pour faire simplement glisser le champ **Article** depuis la zone *Lignes* jusqu'à la zone *Colonnes*.

Aussitôt, notre TCD change de forme et présente les articles en colonnes comme demandé ; nous obtenons donc le résultat suivant :

	Étiquettes de colonnes ▾					
	Canapé	Double-rideaux	Lampe	Stores	Table salon	Total général
Somme de Prix	4800	900	215	150	1300	7365

Comme vous pouvez le constater, les calculs restent les mêmes, seule la présentation change. Notre TCD affiche cinq colonnes au lieu de cinq lignes pour les articles, plus une colonne **Total général** au lieu d'une ligne du même nom.

Mais tout compte fait, nous voulons davantage : nous voulons connaître le chiffre d'affaires par article **et** par rayon. Rien de plus simple : le champ **Article** étant toujours positionné dans la zone *Colonnes*, ajoutez le champ **Rayon** en le faisant glisser dans la zone *Lignes*.

Vous obtenez le résultat suivant :

Somme de Prix	Étiquettes de colonnes ▾					
Étiquettes de lignes ▾	Canapé	Double-rideaux	Lampe	Stores	Table salon	Total général
Décoration		900	215	150		1265
Mobilier	4800				1300	6100
Total général	4800	900	215	150	1300	7365

Et que se passerait-il si nous inversions la position des champs ? Faites glisser le champ **Rayon** en colonne et le champ **Article** en ligne. Peut-être notre TCD se présente-t-il mieux ainsi, finalement ?

Somme de Prix	Étiquettes de colonnes ▾		
Étiquettes de lignes ▾	Décoration	Mobilier	Total général
Canapé		4800	4800
Double-rideaux	900		900
Lampe	215		215
Stores	150		150
Table salon		1300	1300
Total général	1265	6100	7365

Mais pourquoi pas les deux champs en ligne ? Oui, c'est tout à fait possible : faites glisser **Rayon** depuis la zone *Colonnes* jusqu'à la zone *Lignes* et placez-le juste au-dessus du champ **Article** pour obtenir le TCD suivant :

Étiquettes de lignes ▾	Somme de Prix
⊟ Décoration	1265
Double-rideaux	900
Lampe	215
Stores	150
⊟ Mobilier	6100
Canapé	4800
Table salon	1300
Total général	7365

Dans ce dernier exemple, nous avons utilisé deux fois le champ *Lignes*, et avons ainsi obtenu un premier niveau de regroupement par rayon (**Décoration** et **Mobilier**), puis un second niveau de regroupement en ligne pour les articles.

Des **sous-totaux** par rayon se sont ajoutés en complément du total général. Par défaut, ils sont placés en début de groupe, sur la même ligne que chaque élément (ce qui, nous le verrons ultérieurement, peut tout à fait être modifié dans les options de disposition du TCD).

Que ce serait-il passé si nous avions plutôt choisi de doubler le champ *Colonnes* au lieu du champ *Ligne* ? Pourquoi ne pas essayer ?

- Faites glisser le champ **Rayon** dans la zone *Colonnes*
- Faites également glisser le champ **Article** dans la zone *Colonnes*, en prenant soin de le placer sous le champ **Rayon**
- Vous devez obtenir le résultat suivant :

Moins efficace, n'est-ce pas ? Les chiffres sont les mêmes mais ainsi présenté, notre tableau devient beaucoup moins lisible. Il est vrai que bien souvent, mieux vaut doubler un champ ligne qu'un champ colonne dans un TCD, particulièrement si les éléments sont nombreux...

Revenons donc à notre disposition initiale, à savoir nos deux champs en présentés en ligne. Refaites glisser les champs **Rayon** et **Article** en zone *Lignes*.

Renommez **TCD CA Articles** la feuille contenant votre TCD et enregistrez votre classeur Base de données pour TCD .

Les suggestions de Tableaux croisés dynamiques

Excel vous propose de l'aide dans la création de vos premiers tableaux croisés dynamiques, par le biais de suggestions de dispositions basées sur votre liste :

- Dans l'onglet *Insertion / Insérer*, groupe *Tableaux*, cliquez sur le bouton *Tableaux croisés dynamiques* (avec point d'interrogation) ci-contre :
- Passez en revue les différentes suggestions d'Excel et cliquez sur l'une d'elles pour créer le TCD

Tableaux croisés dynamiques

Exercices TCD 1 (corrigés à la fin de l'ouvrage)

Revenez à la feuille **Liste Ventes articles** et utilisez la liste pour créer les tableaux croisés dynamiques suivants :

TCD 1 – Chiffre d'affaires par rayon

Sur une nouvelle feuille que vous nommerez **Exercices TCD Articles**, créez le TCD suivant :

	A	B
1		
2		
3	**Étiquettes de lignes** ▼	**Somme de Prix**
4	Décoration	1265
5	Mobilier	6100
6	**Total général**	**7365**

TCD 2 – Chiffre d'affaires par rayon et par type de vente (soldé/non soldé) (A)

Modifiez votre TCD comme suit :

	A	B	C	D
1				
2				
3	**Somme de Prix**	**Étiquettes de colonnes** ▼		
4	**Étiquettes de lignes** ▼	Décoration	**Mobilier**	**Total général**
5	Non soldé	650	3500	4150
6	Soldé	615	2600	3215
7	**Total général**	**1265**	**6100**	**7365**

TCD 3 – Chiffre d'affaires par rayon et par type de vente (soldé/non soldé) (B)

Modifiez à nouveau votre TCD pour obtenir le résultat suivant :

	A	B
1		
2		
3	**Étiquettes de lignes** ▼	**Somme de Prix**
4	⊟ **Décoration**	**1265**
5	Non soldé	650
6	Soldé	615
7	⊟ **Mobilier**	**6100**
8	Non soldé	3500
9	Soldé	2600
10	**Total général**	**7365**

Enregistrez et refermez votre classeur **Base de données pour TCD**.

Exercices TCD 2 (corrigés à la fin de l'ouvrage)

Ouvrez le classeur **Liste formations langues** mis à votre disposition sur le réseau et enregistrez-le dans votre dossier de travail sous le nom **Liste formations langues VotrePrénom**. Utilisez la liste de la feuille **Formations** pour créer les TCD suivants :

TCD 4 – CA par formateur

	A	B
1		
2		
3	Étiquettes de lignes ▾	Somme de CA
4	Amable	13910
5	Angela	17730
6	Bridget	127889
7	Chang Li	42780
8	Esteban	38280
9	Li Wo Mia	12200
10	Lucy	72138
11	Maria	12530
12	Mark	25866
13	Paula	86950
14	Stefan	71130
15	**Total général**	**521403**

TCD 5 – Nombre de participants par langue

	A	B
1		
2		
3	Étiquettes de lignes ▾	Somme de Nb participants
4	Allemand	490
5	Anglais	4128
6	Chinois	335
7	Espagnol	393
8	Italien	250
9	**Total général**	**5596**

TCD 6 – CA par langue et par Niveau

	A	B	C	D	E
1					
2					
3	Somme de CA	Étiquettes de colonnes ▾			
4	Étiquettes de lignes ▾	Confirmé	Débutant	Expert	Total général
5	Allemand	5760	47262	1056	54078
6	Anglais	16790	289560	13600	319950
7	Chinois	3000	56180	1845	61025
8	Espagnol	7380	47000	9060	63440
9	Italien	400	22510		22910
10	Total général	33330	462512	25561	521403

TCD 7 – CA par Conseiller et par Financement

	A	B
1		
2		
3	Étiquettes de lignes ▾	Somme de Nb participants
4	⊟ **Fara**	**2062**
5	Conseil Régional	96
6	DIF	99
7	Opca	1769
8	Privé	98
9	⊟ **Laurie**	**1733**
10	Conseil Régional	71
11	DIF	95
12	Opca	1468
13	Privé	99
14	⊟ **Valentin**	**1801**
15	Conseil Régional	82
16	DIF	129
17	Opca	1520
18	Privé	70
19	**Total général**	**5596**

Enregistrez et refermez votre fichier **Liste formations langues VotrePrénom**.

Rouvrez votre fichier **Base de données pour TCD VotrePrénom** et activez la feuille **TCD CA Articles** contenant le TCD précédemment créé indiqué ci-dessous pour rappel :

	A	B
1		
2		
3	**Étiquettes de lignes** ▾	**Somme de Prix**
4	⊟ **Décoration**	**1265**
5	Non soldé	650
6	Soldé	615
7	⊟ **Mobilier**	**6100**
8	Non soldé	3500
9	Soldé	2600
10	**Total général**	**7365**

Modifier le calcul de synthèse dans le tableau croisé

Pour chaque tableau croisé dynamique créé jusqu'à présent, nous avons toujours accepté le calcul de synthèse proposé par Excel, à savoir la **somme**. Mais si nous ne voulions connaître le total des prix, mais plutôt le prix moyen des articles vendus ? Ou encore le nombre d'articles vendus ?

Pour cela, nous devons apprendre à changer le calcul de synthèse proposé par Excel :

- Dans la zone *Valeurs* du *Volet Office*, cliquez sur le champ calculé **Somme de Prix** (si le *Volet Office* a disparu de la droite de l'écran, cliquez sur une des cellules de votre TCD pour le faire réapparaître)
- Cliquez sur *Paramètres des champs de Valeurs*

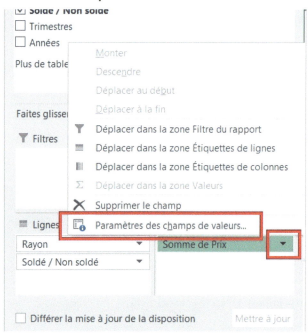

- Dans la boite de dialogue qui s'affiche à l'écran, sélectionnez la fonction *Moyenne* au lieu de *Somme*

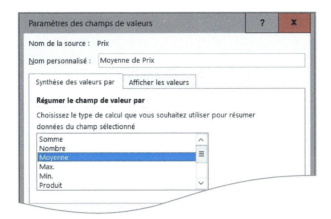

Les calculs du TCD sont aussitôt mis à jour pour afficher la moyenne des prix au lieu d'une somme :

Étiquettes de lignes	Moyenne de Prix
⊟ Décoration	**253**
Non soldé	325
Soldé	205
⊟ Mobilier	**1220**
Non soldé	1750
Soldé	866,6666667
Total général	**736,5**

Pour modifier le calcul du tableau, vous pouvez également utiliser le raccourci suivant : cliquez droit sur un nombre du TCD puis sur **Synthétiser les valeurs par**.

Nous pouvons de la même façon demander à afficher les prix les plus élevés ou les plus faibles des articles en utilisant les fonctions statistiques **Max** ou **Min** :

TCD avec synthèse par la fonction **Max**

Étiquettes de lignes	Max. de Prix
⊟ Décoration	**500**
Non soldé	500
Soldé	400
⊟ Mobilier	**3000**
Non soldé	3000
Soldé	1300
Total général	**3000**

TCD avec synthèse par la fonction **Min**

Étiquettes de lignes	Min. de Prix
⊟ Décoration	**85**
Non soldé	150
Soldé	85
⊟ Mobilier	**300**
Non soldé	500
Soldé	300
Total général	**85**

Mieux encore, vous pouvez afficher plusieurs calculs de synthèse dans le même tableau croisé dynamique. Par exemple, rien ne vous empêche de demander la somme *et* la moyenne des prix des articles :

- Dans le dernier TCD, changez le calcul du champ **Prix** positionné en *Valeurs* pour revenir à une **somme**
- Faites glisser une seconde fois le même champ **Prix** dans la zone *Valeurs* et cette fois, demander la **moyenne** dans les paramètres du champ
- Vous obtenez le résultat suivant :

Étiquettes de lignes	Somme de Prix	Moyenne de Prix2
⊟ Décoration	1265	253
Non soldé	650	325
Soldé	615	205
⊟ Mobilier	6100	1220
Non soldé	3500	1750
Soldé	2600	866,6666667
Total général	7365	736,5

Nous allons rajouter un troisième calcul pour obtenir également le nombre de ventes pour chaque article.

- Faites à nouveau glisser le champ **Prix** dans la zone *Valeurs* et dans les paramètres du champ, cliquez sur *Nombre*.

Étiquettes de lignes	Somme de Prix	Moyenne de Prix2	Nombre de Prix2
⊟ Décoration	1265	253	5
Non soldé	650	325	2
Soldé	615	205	3
⊟ Mobilier	6100	1220	5
Non soldé	3500	1750	2
Soldé	2600	866,6666667	3
Total général	7365	736,5	10

C'est fait ? Prenez un instant pour observer le bouton Σ Valeurs qui est apparu dans la zone *Colonnes*.

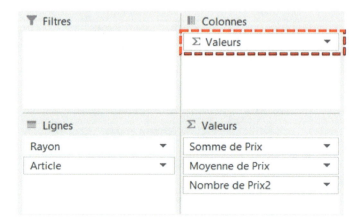

Il ne s'agit pas là d'un champ issu de la liste de données, mais d'une information concernant l'alignement de nos champs calculés : dans le tableau croisé dynamique, nos trois champs apparaissent côte à côte : ils sont donc de fait présentés **en colonne**, ce que nous indique le bouton.

Le bouton Σ Valeurs ▼ peut nous permettre, si nous le faisons glisser dans la zone *Lignes*, de présenter nos calculs les uns en-dessous des autres.

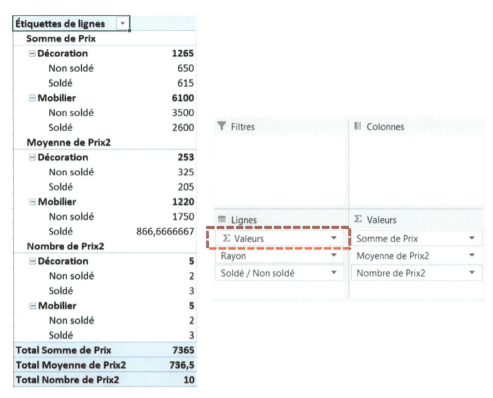

Pas très lisible, n'est-ce pas ? Cela est dû au fait que trop d'informations se bousculent en ligne. Finalement, la présentation en colonne des champs calculés nous convenait beaucoup mieux : refaites glisser le bouton Σ Valeurs ▼ dans la zone *Colonnes* pour revenir à nos trois colonnes de calculs.

Enregistrer votre fichier, nous allons avoir besoin de revenir bientôt sur ce TCD.

Le cas particulier de la fonction Nombre

Nous allons maintenant nous intéresser de plus près à la fonction *Nombre* car il s'agit de la fonction la plus utilisée dans les tableaux croisés dynamiques après la fonction *Somme*. Elle correspond en fait à la fonction *Nbval* d'Excel, que vous avez peut-être déjà utilisée et qui permet de compter (et non d'additionner) les valeurs d'une liste.

- Revenez à liste dans la feuille **Liste ventes articles** de votre classeur **Base de données pour TCD VotrePrénom**

- Créez le nouveau tableau croisé dynamique ci-dessous (champ **Article** en *Lignes* et champ **Prix** en *Valeurs*) :

	A	B
1		
2		
3	**Étiquettes de lignes** ▾	**Somme de Prix**
4	Canapé	4800
5	Double-rideaux	900
6	Lampe	215
7	Stores	150
8	Table salon	1300
9	**Total général**	**7365**

Nous voulons également connaître le nombre total de ventes réalisées pour chaque article. Nous allons donc ajouter un second calcul :

- Refaites glisser le champ **Prix** depuis la liste des champs jusqu'à la zone *Valeurs*
- Dans les *Paramètres des champs de Valeurs* du second champ **Prix**, sélectionnez la fonction *Nombre* au lieu de *Somme*
- Vous obtenez le TCD suivant :

	A	B	C
1			
2			
3	**Étiquettes de lignes** ▾	**Somme de Prix**	**Nombre de Prix2**
4	Canapé	4800	3
5	Double-rideaux	900	2
6	Lampe	215	2
7	Stores	150	1
8	Table salon	1300	2
9	**Total général**	**7365**	**10**

Tout semble s'être bien passé. Or, si nous allons vérifier notre liste source, elle comporte en fait **11** lignes d'enregistrements et non **10** comme indique le total général du TCD. Plus précisément, il n'y a pas eu deux tables de salon vendues, mais trois. Pourquoi cette erreur ?

La différence est due au fonctionnement de la fonction de comptage *Nombre* : Excel réalise le comptage en dénombrant tout simplement les cellules non vides dans la colonne indiquée. Ainsi, en faisant porter la fonction *Nombre* sur le champ **Prix**, la ligne **5** n'a pas été prise en compte puisque la cellule **B5** est vide.

	A	B	C	D	E
1	**Article**	**Prix**	**Rayon**	**Date vente**	**Soldé / Non soldé**
2	Canapé	1300	Mobilier	12/08/2016	Soldé
3	Table salon	1000	Mobilier	16/08/2016	Soldé
4	Double-rideaux	500	Décoration	11/06/2015	Non soldé
5	Table salon		Mobilier	16/07/2016	Soldé
6	Canapé	500	Mobilier		Non soldé
7	Canapé	3000	Mobilier	15/07/2016	Non soldé
8	Table salon	300	Mobilier	01/0...	
9	Double-rideaux	400	D...		

Conclusion ? Soyez simplement très attentif à faire porter vos comptages sur une colonne appropriée de la liste, à savoir celles ne comportant aucune cellule vide.

Ici, pour compter le nombre d'articles dans notre liste, nous aurions dû faire porter le comptage sur le champ *Article*, qui ne contient aucun vide (ou même sur les champs *Rayon*, ou *Soldé/Non Soldé* également dépourvus de cellules vides).

Corrigez le TCD en faisant glisser **Nombre de prix** en dehors de la zone *Valeurs* pour le supprimer, puis en le remplaçant par le champ **Article**.

 *Notez au passage que le champ **Article** contenant du texte et non pas des nombres, Excel propose immédiatement la fonction **Nombre** au lieu de la **Somme** lorsque vous le placez en zone **Valeurs***

	Étiquettes de lignes	Somme de Prix	Nombre de Article
4	Canapé	4800	3
5	Double-rideaux	900	2
6	Lampe	215	2
7	Stores	150	1
8	Table salon	1300	3
9	**Total général**	**7365**	**11**

- Renommez la feuille contenant notre tableau croisé dynamique **TCD CA et Nb d'articles**

Il nous faut à présent aller corriger notre précédent TCD, pour lequel la même erreur a été commise :
- Activez la feuille **TCD CA Articles** et supprimez le champ **Nombre de Prix** de la zone *Valeurs*
- Faites glisser le champ **Articles** dans la zone *Valeurs* et vérifiez que le *Total général* indique bien **11** articles au lieu de **10**.

Enregistrez et refermez votre classeur **Base de données pour TCD VotrePrénom**.

Exercices TCD 3 (corrigés à la fin de l'ouvrage)

Rouvrez votre classeur **Liste formations langues VotrePrénom** et réalisez les TCD suivants :

TCD 8 – Prix moyen par formateur

	Étiquettes de lignes	Moyenne de CA
4	Amable	434,69 €
5	Angela	443,25 €
6	Bridget	497,62 €
7	Chang Li	725,08 €
8	Esteban	425,33 €
9	Li Wo Mia	813,33 €
10	Lucy	448,06 €
11	Maria	432,07 €
12	Mark	527,88 €
13	Paula	511,47 €
14	Stefan	471,06 €
15	**Total général**	**495,16 €**

TCD 8 – Nombre de jours travaillés par langue et par niveau

	A	B	C	D	E
1					
2					
3	Nombre de Jour	Étiquettes de colonnes ▾			
4	Étiquettes de lignes ▾	Confirmé	Débutant	Expert	Total général
5	Allemand	11	91	3	105
6	Anglais	40	597	29	666
7	Chinois	5	74	3	82
8	Espagnol	18	111	19	148
9	Italien	1	51		52
10	**Total général**	**75**	**924**	**54**	**1053**

TCD 9 – CA, prix moyen et nombre de jours travaillés par langue

	A	B	C	D
1				
2				
3	Étiquettes de lignes ▾	Somme de CA	Moyenne de CA	Nombre de Jour
4	Allemand	54078	515,03	105
5	Anglais	319950	480,41	666
6	Chinois	61025	744,21	82
7	Espagnol	63440	428,65	148
8	Italien	22910	440,58	52
9	**Total général**	**521403**	**495,16**	**1053**

Enregistrez et refermez votre classeur Liste formations langues VotrePrénom

Personnalisation des Tableaux Croisés Dynamiques

Puissants et rapides à créer, les tableaux croisés dynamiques présentent à leur création divers soucis de présentation que nous vous proposons d'apprendre à régler maintenant.

Revenez à la feuille **Liste ventes Articles** du classeur Base de données pour TCD VotrePrénom et créez le nouveau TCD suivant (somme des prix par article (en ligne) et par rayon (en colonne)) :

Renommez la feuille **TCD CA par art. et rayon**.

Modifier les libellés du TCD

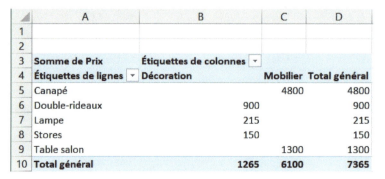

	A	B	C	D
1				
2				
3	Somme de Prix	Étiquettes de colonnes ▾		
4	Étiquettes de lignes ▾	Décoration	Mobilier	Total général
5	Canapé		4800	4800
6	Double-rideaux	900		900
7	Lampe	215		215
8	Stores	150		150
9	Table salon		1300	1300
10	**Total général**	**1265**	**6100**	**7365**

- Cliquez sur la cellule **A3** et saisissez **Total des ventes** à la place de **Somme de prix**
- Cliquez sur **Etiquettes de lignes** en **A4** et saisissez **Articles**
- Cliquez sur **Etiquettes de colonnes** en **B3** et remplacez le texte par **Rayons**

	A	B	C	D
1				
2				
3	**Total des ventes**	**Rayons** ▾		
4	**Articles** ▾	**Décoration**	**Mobilier**	**Total général**
5	Canapé		4800	4800
6	Double-rideaux	900		900
7	Lampe	215		215
8	Stores	150		150
9	Table salon		1300	1300
10	**Total général**	**1265**	**6100**	**7365**

 *A noter que vous pouvez également choisir de masquer les libellés : cliquez sur une cellule du TCD et dans l'onglet contextuel **Analyse**, groupe **Afficher**, désactiver le bouton **En-têtes de champ***

Modifier le format de nombre

Vous pouvez tout à fait sélectionner les nombres de votre TCD et utiliser les boutons de formatage de l'onglet *Accueil* :

Vous pouvez également utiliser les paramètres du champ calculé :

- Cliquez sur le champ **Total des ventes** dans la zone *Valeurs* puis sur *Paramètres des champs de Valeurs*
- Dans la fenêtre qui s'affiche, cliquez sur le bouton `Format de nombre` et choisissez votre format, ici par exemple le format *Monétaire* avec 0 décimales.

Total des ventes	**Rayons** ▾		
Articles ▾	**Décoration**	**Mobilier**	**Total général**
Canapé		4 800 €	4 800 €
Double-rideaux	900 €		900 €
Lampe	215 €		215 €
Stores	150 €		150 €
Table salon		1 300 €	1 300 €
Total général	**1 265 €**	**6 100 €**	**7 365 €**

Les onglets contextuels

Peut-être l'aurez-vous déjà remarqué, deux onglets supplémentaires (appelés *onglets contextuels*) s'ajoutent à votre ruban lorsque vous vous trouvez sur une cellule d'un TCD : les onglets *Analyse* et *Création*.

Vous pourrez utiliser les outils proposés par ces onglets pour personnaliser et mettre en forme vos TCD.

Pour effectuer les manipulations qui suivent, créez le nouveau TCD suivant :

Étiquettes de lignes	Somme de Prix
⊟ Non soldé	4 150 €
Canapé	3 500 €
Double-rideaux	500 €
Stores	150 €
⊟ Soldé	3 215 €
Canapé	1 300 €
Double-rideaux	400 €
Lampe	215 €
Table salon	1 300 €
Total général	7 365 €

- Champ **Soldé/Non soldé** en champ *Lignes*
- Champ **Articles** en second champ *Lignes*
- Champ **Prix** en champ *Valeurs* (format des nombres en €)
- Renommez la feuille **TCD CA Soldé/Non soldé**

Mettre en forme un Tableau Croisé Dynamique

Nous allons utiliser l'onglet contextuel *Création* pour formater rapidement notre TCD. Effectuez les manipulations suivantes :

▪ Choisir un style de tableau

- Dans l'onglet contextuel *Création*, groupe *Styles de tableau croisé dynamique*, cliquez sur le bouton *Autres* ⏷ et testez les différentes mises en forme proposées.
- A l'issue de vos tests, appliquez finalement un style de la rubrique *Moyen*, par exemple **Style vert clair n° 11**
- Cochez puis décochez les options *Lignes à bandes* ou *Colonnes à bandes* dans le groupe *Options de style de tableau croisé dynamique*.

Étiquettes de lignes	Somme de Prix
⊟ Non soldé	4 150 €
Canapé	3 500 €
Double-rideaux	500 €
Stores	150 €
⊟ Soldé	3 215 €
Canapé	1 300 €
Double-rideaux	400 €
Lampe	215 €
Table salon	1 300 €
Total général	7 365 €

▪ Choisir une disposition

- Déroulez le bouton *Disposition du rapport* 📄 pour tester les différentes dispositions proposées (la disposition appliquée par défaut étant *Afficher sous forme compactée*)
- A l'issue de vos tests, appliquez finalement la disposition *Afficher en mode Plan* pour obtenir le TCD ci-contre

Soldé / Non soldé	Article	Somme de Prix
⊟ Non soldé		4 150 €
	Canapé	3 500 €
	Double-rideaux	500 €
	Stores	150 €
⊟ Soldé		3 215 €
	Canapé	1 300 €
	Double-rideaux	400 €
	Lampe	215 €
	Table salon	1 300 €
Total général		7 365 €

- **Ajouter des lignes vides**

    - Déroulez le bouton *Lignes vides* et cliquez sur *Insérer un saut de ligne après chaque élément* pour aérer votre tableau (une ligne vide s'insère après chaque sous-total)

- **Masquer / Afficher / Positionner les sous-totaux**

    - Déroulez le bouton *Sous-totaux* du groupe *Disposition* et choisissez l'option *Afficher tous les sous-totaux au bas du groupe* (nous pourrions également demander à ne pas les afficher).

Soldé / Non soldé	Article	Somme de Prix
Non soldé		
	Canapé	3 500 €
	Double-rideaux	500 €
	Stores	150 €
Total Non soldé		**4 150 €**
Soldé		
	Canapé	1 300 €
	Double-rideaux	400 €
	Lampe	215 €
	Table salon	1 300 €
Total Soldé		**3 215 €**
Total général		**7 365 €**

Sans sous-totaux

Soldé / Non soldé	Article	Somme de Prix
Non soldé		
	Canapé	3 500 €
	Double-rideaux	500 €
	Stores	150 €
Soldé		
	Canapé	1 300 €
	Double-rideaux	400 €
	Lampe	215 €
	Table salon	1 300 €
Total général		**7 365 €**

Sous-totaux en haut du groupe

Soldé / Non soldé	Article	Somme de Prix
Non soldé		**4 150 €**
	Canapé	3 500 €
	Double-rideaux	500 €
	Stores	150 €
Soldé		**3 215 €**
	Canapé	1 300 €
	Double-rideaux	400 €
	Lampe	215 €
	Table salon	1 300 €
Total général		**7 365 €**

Sous-totaux en bas du groupe

Soldé / Non soldé	Article	Somme de Prix
Non soldé		
	Canapé	3 500 €
	Double-rideaux	500 €
	Stores	150 €
Total Non soldé		**4 150 €**
Soldé		
	Canapé	1 300 €
	Double-rideaux	400 €
	Lampe	215 €
	Table salon	1 300 €
Total Soldé		**3 215 €**
Total général		**7 365 €**

- **Masquer / Afficher /Positionner les totaux généraux**

    Vous pouvez également souhaiter ne pas afficher la dernière ligne **Total général** en bas de votre TCD affichant les totaux généraux (ou ne pas afficher la dernière colonne de droite en présence d'un champ de regroupement en *Colonnes*) :

    - Dérouler le bouton *Totaux généraux* du groupe *Disposition* et sélectionner l'option souhaitée. En ce qui nous concerne, nous conserverons l'option par défaut *Activé pour les lignes et les colonnes.*

 A noter que beaucoup d'options sont également disponibles via le clic droit sur le TCD. Attention cependant, la liste des options proposées dépendra de l'élément du TCD sur lequel vous effectuez votre clic droit.

Enregistrez votre classeur **Base de données pour TCD VotrePrénom**

Exercices TCD 4 (corrigés à la fin de l'ouvrage)

Utilisez la liste de la liste de la feuille **Formations** du classeur **Liste formations langues VotrePrénom** pour créer et mettre en forme le TCD suivant :

TCD 11 – CA et nombre de jours travaillés par langue et par formateur

- Mettre en forme les nombres des deux colonnes
- Changer les libellés des colonnes en **Répartition stages**, **Total CA** et **Nb jours**
- Choisir la disposition **Mode Plan**
- Afficher les sous-totaux en bas de leur groupe
- Appliquer le style **Bleu clair n°16**
- Ajouter une ligne vide sous chaque sous-total

Renommer la feuille **TCD Analyse par Langue et Form.**

Enregistrez votre classeur **Liste formations langues VotrePrénom**.

Langue	Formateur	Total CA	Nb jours
⊟ Allemand			
	Bridget	26 364 €	51
	Lucy	1 128 €	3
	Mark	25 866 €	49
	Stefan	720 €	2
Total Allemand		**54 078 €**	**105**
⊟ Anglais			
	Bridget	95 480 €	198
	Lucy	71 010 €	158
	Paula	83 050 €	161
	Stefan	70 410 €	149
Total Anglais		**319 950 €**	**666**
⊟ Chinois			
	Bridget	6 045 €	8
	Chang Li	42 780 €	59
	Li Wo Mia	12 200 €	15
Total Chinois		**61 025 €**	**82**
⊟ Espagnol			
	Amable	13 910 €	32
	Esteban	38 280 €	90
	Maria	11 250 €	26
Total Espagnol		**63 440 €**	**148**
⊟ Italien			
	Angela	17 730 €	40
	Maria	1 280 €	3
	Paula	3 900 €	9
Total Italien		**22 910 €**	**52**
Total général		**521 403 €**	**1 053**

Les regroupements de dates

Si vous utilisez un champ contenant des dates en zones *Lignes* ou *Colonnes*, Excel vous proposera automatiquement de les regrouper par année, par trimestre ou par mois. Faisons le test :

- Rouvrez votre classeur **Base de données pour TCD VotrePrénom** et activez la feuille **Liste ventes Articles**
- Créez un nouveau TCD sur une nouvelle feuille
- Positionnez le champ **Prix** en *Valeurs*
- Positionnez le champ **Date** vente en *Lignes*
- Selon la version 2013 ou 2016, Excel peut afficher deux résultats différents :
  - **Version 2013** : chaque date différente trouvée dans la liste est représentée dans le TCD. Pour procéder à un regroupement par intervalle de votre choix (mois, trimestre, année…), effectuer un clic droit sur l'une des dates affichées dans le TCD et cliquer sur *Grouper*.

    Dans la boite de dialogue *Grouper* qui s'affiche, choisissez par exemple un regroupement par Trimestres et par Années

  - **Version 2016** : Excel crée aussitôt des lignes avec regroupement par année, trimestre et mois :

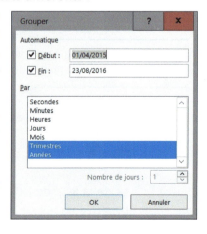

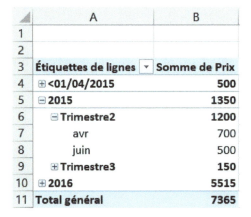

	A	B
1		
2		
3	**Étiquettes de lignes** ▾	**Somme de Prix**
4	⊞ **<01/04/2015**	**500**
5	⊞ **2015**	**1350**
6	⊞ **2016**	**5515**
7	**Total général**	**7365**

- Cliquez sur le symbole + à la gauche de la ligne **2015** : le groupe est développé pour montrer un sous-groupe par **trimestre**.

	A	B
1		
2		
3	**Étiquettes de lignes** ▾	**Somme de Prix**
4	⊞ **<01/04/2015**	**500**
5	⊟ **2015**	**1350**
6	⊟ **Trimestre2**	**1200**
7	avr	700
8	juin	500
9	⊞ **Trimestre3**	**150**
10	⊞ **2016**	**5515**
11	**Total général**	**7365**

Modifier le regroupement proposé

Si le regroupement par périodes proposé par Excel ne vous convient pas, vous pouvez tout à fait le modifier :

- Cliquez sur une cellule du TCD contenant une date ou un niveau de regroupement de date (**2015** par exemple) et dans l'onglet contextuel ***Analyse***, groupe ***Groupe***, cliquez sur le bouton ***Grouper la sélection***

   Ou effectuez un clic droit sur une date affichée dans le TCD et cliquez sur ***Grouper***

- Dans la boite de dialogue qui s'affiche, cliquer pour sélectionner ou désélectionner le regroupement

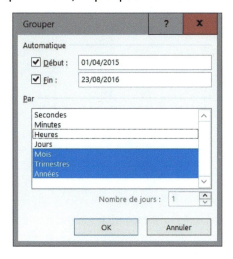

Supprimer un regroupement de dates

De même, vous pouvez tout à fait supprimer totalement le regroupement par période (dans notre cas, vous retrouverez un regroupement par jour, puisqu'il s'agit de l'unité de base de la colonne dans la liste source) :

- Cliquez sur une cellule du TCD contenant une date ou un niveau de regroupement de date (**2015** par exemple)
- Dans l'onglet contextuel *Analyse*, cliquez sur le bouton *Dissocier*

Renommez la feuille contenant votre tableau **TCD par période** et enregistrez votre classeur **Base de données pour TCD VotrePrénom**.

Exercices TCD 5 (corrigés à la fin de l'ouvrage)

Utilisez la liste de la liste de la feuille **Formations** du classeur **Liste formations langues VotrePrénom** pour créer les TCD suivants :

TCD 12 – Nombre de jours travaillés par trimestre et par an (années en lignes et trimestres en colonnes)

	A	B	C	D	E	F
1						
2						
3	Nb Jours de formation	Périodes ▾				
4	Années ▾	Trimestre1	Trimestre2	Trimestre3	Trimestre4	Total général
5	2013	42	36	74	48	200
6	2014	83	37	59	56	235
7	2015	45	49	56	47	197
8	2016	52	45	52	43	192
9	2017	56	69	57	47	229
10	Total général	278	236	298	241	1 053

TCD 13 – Chiffre d'affaires par mois et par an (années en colonnes et mois en lignes)

	A	B	C	D	E	F	G
1							
2							
3	Chiffre d'affaires	Exercice ▾					
4	Mois ▾	2013	2014	2015	2016	2017	Total général
5	janv	10 668 €	17 156 €	9 350 €	8 160 €	7 930 €	53 264 €
6	févr	3 675 €	11 645 €	7 200 €	9 168 €	8 630 €	40 318 €
7	mars	5 656 €	9 412 €	5 386 €	9 650 €	7 300 €	37 404 €
8	avr	6 434 €	9 436 €	7 780 €	12 300 €	7 600 €	43 550 €
9	mai	6 470 €	2 760 €	7 052 €	6 430 €	15 106 €	37 818 €
10	juin	4 674 €	4 640 €	12 380 €	3 530 €	11 088 €	
11	juil	15 322 €	8 680 €	9 070 €			
		13 180 €					

Les différents filtres des tableaux croisés dynamique

Pour effectuer les manipulations qui suivent, rouvrez votre classeur **Base de données pour TCD VotrePrénom** et utilisez la feuille **Liste ventes articles** pour créer le nouveau TCD suivant sur une nouvelle feuille :

- Positionnez le champ **Rayon** en *Lignes*
- Positionnez le champ **Article** en second champ *Lignes*
- Positionnez le champ **Prix** en *Valeurs*
- Positionnez le champ **Date vente** en *Colonnes*, puis ne conserver que le regroupement par **Année**

	A	B	C	D	E
1					
2					
3	**Somme de Prix**	**Étiquettes de colonnes** ▾			
4	**Étiquettes de lignes** ▾	**<01/04/2015**	**2015**	**2016**	**Total général**
5	⊟ **Décoration**		1050	215	1265
6	Double-rideaux		900		900
7	Lampe			215	215
8	Stores		150		150
9	⊟ **Mobilier**	500	300	5300	6100
10	Canapé	500		4300	4800
11	Table salon		300	1000	1300
12	**Total général**	500	1350	5515	7365

Nous l'avons vu, lorsque vous placez un champ en zone *Lignes* ou en zone *Colonnes*, Excel reprend toutes les valeurs différentes trouvées dans la liste de données pour les présenter dans le TCD. Ces valeurs dont appelées *Eléments de champ*.

Vous pouvez tout à fait choisir de n'afficher que certains de ces éléments en utilisant les *filtres* proposés au niveau des étiquettes.

Les filtres sur les Lignes ou les Colonnes

Cliquez sur la flèche déroulante en regard du champ placé en *Lignes* ou du champ placé en *Colonnes*. Dans la liste qui s'affiche, décochez le ou les éléments à masquer. Pour davantage d'options de filtre, vous pouvez utiliser les outils *Filtres s'appliquant aux étiquettes* ou *Filtres s'appliquant aux valeurs*.

Filtres sur le champ **Articles** (en ligne)   Filtres sur le champ **Date vente** (en colonne)

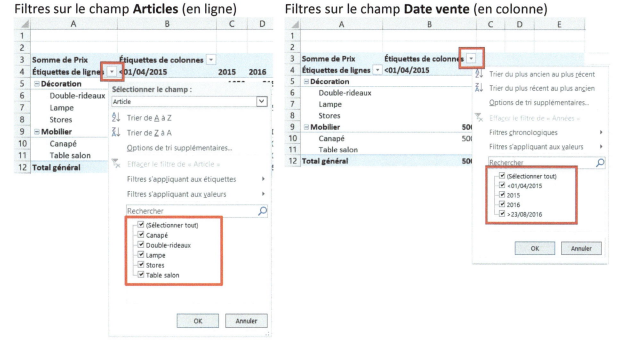

La zone Filtre du rapport

Il est grand temps maintenant de vous parler de la quatrième zone, complètement ignorée jusqu'à présent, proposée lors de la création d'un TCD : la zone *Filtres*. Cette zone vous permet de limiter l'affichage du tableau croisé dans son entier ; vous pouvez ainsi choisir de n'afficher que les articles soldés.

- Revenez sur la feuille **TCD Ventes annuelles** de votre classeur **Base de données pour TCD VotrePrénom**
- Faites glisser le champ **Soldé/Non soldé** dans la zone *Filtres*.

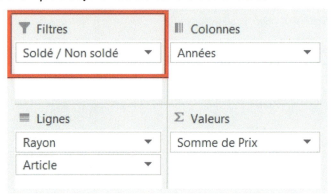

- Le champ apparaît au-dessus du TCD, séparé par une ligne vide.
- Cliquez sur la flèche déroulante en regard de *(Tous)* et cliquez sur **Soldé**.

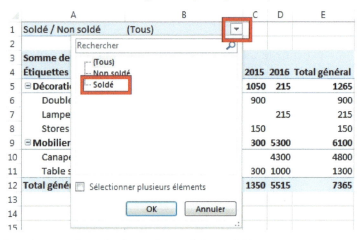

- Le TCD n'affiche plus que les résultats des articles soldés.
- Déroulez à nouveau le filtre au-dessus du TCD et cliquez cette fois sur **Non soldé** : le TCD change à nouveau et n'affiche plus que les résultats des articles non soldés
- Nous pouvons bien sûr revenir à l'affichage complet des résultats : déroulez le filtre au-dessus du TCD et cliquez sur *(Tous)* dans la liste.

Enregistrez votre classeur **Base de données pour TCD VotrePrénom**.

Pour pouvez sélectionner plusieurs éléments du filtre en activant préalablement l'option **Sélectionner plusieurs éléments** *affichée en bas de la liste du filtre*

La liste des champs

Comme vous le savez, la *liste des champs* figure sur le *Volet Office* qui s'affiche sur la droite de la feuille Excel à la création d'un nouveau TCD ou lorsque vous cliquez sur une cellule d'un TCD existant.

Nous avons déjà pu le vérifier, la *liste des champs* affiche normalement dans sa partie haute les champs issus de votre liste de données et dans sa partie inférieure les différentes zones de construction du TCD.

Elle peut cependant être personnalisée et même complètement masquée.

Masquer/Afficher la liste des champs

- Cliquez sur une cellule de votre TCD et dans l'onglet contextuel *Analyse*, activez ou désactivez le bouton *Liste des champs* ⊞ Liste des champs .
  Vous pouvez également effectuer un clic droit sur une cellule de votre TCD puis cliquer sur *Masquer / Afficher la liste des champs*

Personnaliser la Liste des champs

- Vous avez également la possibilité de personnaliser l'affichage des éléments de la *Liste des champs* : déroulez le bouton ⚙ ▾ en haut à droite du volet et sélectionnez un nouvel affichage souhaité dans la liste

Nous vous conseillons de revenir à l'affichage par défaut, à savoir *Sections Champs et Zones empilées.*

Mise à jour du tableau croisé dynamique

En cas de modification dans votre liste de données, et contrairement à ce que vous pourriez supposer, votre tableau croisé dynamique ne se mettra pas à jour automatiquement : vous devez demander son actualisation.

Faisons le test :
- Activez la feuille **Liste ventes articles**
- Cliquez sur la cellule **B4** et saisissez **333** pour changer le prix des double-rideaux
- Activez la feuille **TCD Ventes annuelles** et vérifiez votre TCD : les chiffres n'ont pas changé.

Pour demander la mise à jour du TCD, procédez comme suit :

- Cliquez sur une cellule du TCD
- Dans l'onglet contextuel *Analyse*, groupe *Données*, cliquez sur le bouton *Actualiser*
(ou cliquez droit sur une cellule du TCD puis cliquez sur *Actualiser).* Le TCD est mis à jour :

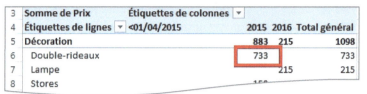

Vérifier ou modifier la source du Tableau croisé dynamique

Il se peut que vous ayez un jour à modifier la plage de cellules sélectionnée comme source au moment de la création de votre TCD (si par exemple vous avez ajouté des lignes en fin de liste). Dans ce cas, l'actualisation du TCD ne suffit pas, il vous faut **changer la source** du TCD.

Ajoutez par exemple la ligne d'article suivante en ligne 13 de la feuille **Liste ventes Articles** :

| 12 | Lampe | 150 | Décoration | 30/07/2016 | Solde |
| 13 | Pouf | 88 | Mobilier | 20/08/2016 | Non solde |

- Revenez à la feuille **TCD Ventes annuelles** et vérifiez : le pouf ne s'est pas ajouté à notre TCD

Pour y remédier, nous devons agrandir la plage de cellules utilisée comme source par notre TCD :

- Cliquez sur une des cellules du TCD de la feuille
- Dans l'onglet contextuel *Analyse*, groupe *Données*, cliquez sur *Changer la source de données*
- Excel vous affiche votre liste de données : cliquez-glissez pour sélectionner la nouvelle plage de cellules (A1 à E13)

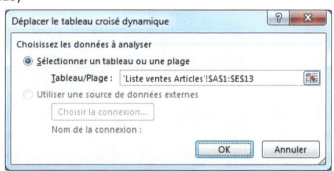

- Validez puis vérifier votre TCD : il s'est bien mis à jour avec la nouvelle donnée

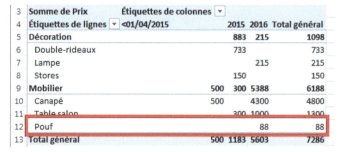

Vous pouvez éviter d'avoir à redéfinir la plage de cellules source du TCD en procédant à l'insertion de nouvelles lignes (ou colonnes) à l'intérieur de la plage initiale au lieu de les ajouter en-dessous (ou à droite) de la liste.

*L'utilisation d'un **tableau de données** (voir chapitre **Les tableaux de données**) comme source du TCD vous évitera également d'avoir à redéfinir la plage utilisée par le TCD puisque les tableaux de données étendent automatiquement leur plage de cellules en cas d'ajout de lignes ou de colonnes.*

Enregistrez votre classeur **Base de données pour TCD VotrePrénom** .

Positionner plusieurs tableaux sur une même feuille

Excel propose toujours de créer vos tableaux croisés dynamiques sur une nouvelle feuille. Dans la mesure du possible, nous vous conseillons d'accepter sa proposition, car plusieurs TCD sur une même feuille peuvent se « télescoper » durant vos modifications et vous créer bien des ennuis.

Si cependant vous devez impérativement rassembler plusieurs TCD sur une même feuille (par exemple pour pouvoir les imprimer sur la même page), c'est possible. Imaginons par exemple vouloir ajouter un second TCD en-dessous du premier sur notre feuille **TCD Ventes annuelles :**

- Activez la feuille **Liste ventes Articles**
- Lancez normalement la procédure de création d'un TCD : dans l'onglet *Insertion*, groupe *Tableaux*, cliquez sur *Tableau croisé dynamique*
- Dans la boite de dialogue qui s'affiche, activez l'option ⦿ Feuille de calcul existante
- Positionnez votre curseur dans la zone *Emplacement*
- Cliquez sur l'onglet de votre feuille **TCD Ventes annuelles** puis sur la cellule vide **A16** pour indiquer le point de départ du nouveau tableau.

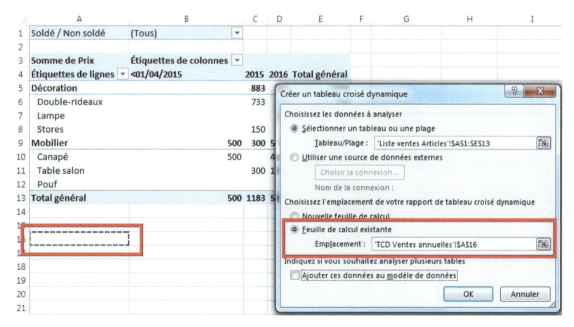

- Excel ajoute une seconde zone de création de TCD à la feuille
- Utilisez la liste des champs pour ajouter le champ **Soldé/Non soldé** en *Lignes*, la somme des prix et le nombre d'articles en *Valeurs*

-    Vous devez obtenir le résultat suivant sur votre feuille **TCD Ventes annuelles** :

	A	B	C	D	E
1	Soldé / Non soldé	(Tous)			
2					
3	**Somme de Prix**	Étiquettes de			
4	**Étiquettes de lignes**	<01/04/2015	2015	2016	Total général
5	**Décoration**		883	215	1098
6	Double-rideaux		733		733
7	Lampe			215	215
8	Stores		150		150
9	**Mobilier**	500	300	5388	6188
10	Canapé	500		4300	4800
11	Table salon		300	1000	1300
12	Pouf			88	88
13	**Total général**	500	1183	5603	7286
14					
15					
16	**Étiquettes de lignes**	Somme de Prix	Nombre de Article		
17	Non soldé	4 071	5		
18	Soldé	3 215	7		
19	**Total général**	7 286	12		

Enregistrez votre classeur **Base de données pour TCD VotrePrénom**.

Exercices TCD 6 (corrigés à la fin de l'ouvrage)

Utilisez la liste de la liste de la feuille **Formations** du classeur **Liste formations langues VotrePrénom** pour créer les trois TCD suivants sur la même feuille :

TCD 14 – Trois tableaux croisés sur une même feuille

Tableau 1 : par langue et par niveau, le CA et le nombre de jours pour le conseiller Fara
Tableau 2 : par langue et par niveau, le CA et le nombre de jours pour le conseiller Laurie
Tableau 3 : par langue et par niveau, le CA et le nombre de jours pour le conseiller Valentin

Pour chaque TCD, ajouter une ligne vide entre les groupes, appliquer un style différent de mise en forme et mettre en forme les nombres. Renommer la feuille contenant les trois tableaux **TCD activité par conseiller.**

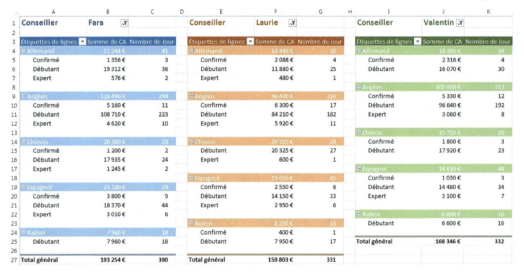

	A	B	C	D	E	F	G	H	I	J	K
1	Conseiller	Fara			Conseiller	Laurie			Conseiller	Valentin	
2											
3	Étiquettes de lignes	Somme de CA	Nombre de Jour		Étiquettes de lignes	Somme de CA	Nombre de Jour		Étiquettes de lignes	Somme de CA	Nombre de Jour
4	Allemand	21 244 €	41		Allemand	14 448 €	30		Allemand	18 386 €	34
5	Confirmé	1 356 €	3		Confirmé	2 088 €	4		Confirmé	2 316 €	4
6	Débutant	19 312 €	36		Débutant	11 880 €	25		Débutant	16 070 €	30
7	Expert	576 €	2		Expert	480 €	1				
8									Anglais	105 030 €	212
9	Anglais	118 490 €	244		Anglais	96 430 €	210		Confirmé	5 330 €	12
10	Confirmé	5 160 €	11		Confirmé	6 300 €	17		Débutant	96 640 €	192
11	Débutant	108 710 €	223		Débutant	84 210 €	182		Expert	3 060 €	8
12	Expert	4 620 €	10		Expert	5 920 €	11				
13									Chinois	19 720 €	26
14	Chinois	20 380 €	28		Chinois	20 925 €	28		Confirmé	1 800 €	3
15	Confirmé	1 200 €	2		Débutant	20 325 €	27		Débutant	17 920 €	23
16	Débutant	17 935 €	24		Expert	600 €	1				
17	Expert	1 245 €	2						Espagnol	18 610 €	44
18					Espagnol	19 650 €	45		Confirmé	1 030 €	3
19	Espagnol	25 180 €	59		Confirmé	2 550 €	6		Débutant	14 480 €	34
20	Confirmé	3 800 €	9		Débutant	14 150 €	33		Expert	3 100 €	7
21	Débutant	18 370 €	44		Expert	2 950 €	6				
22	Expert	3 010 €	6						Italien	6 600 €	16
23					Italien	8 350 €	18		Débutant	6 600 €	16
24	Italien	7 960 €	18		Confirmé	400 €	1				
25	Débutant	7 960 €	18		Débutant	7 950 €	17		Total général	168 346 €	332
26											
27	Total général	193 254 €	390		Total général	159 803 €	331				

Enregistrez votre classeur **Liste formations langues VotrePrénom**.

Extraire les lignes détail d'un tableau croisé dynamique

Cela peut surprendre, mais sachez qu'un simple double-clic sur un des nombres du TCD génère la création immédiate d'une nouvelle feuille reprenant les lignes de la liste.

Revenez par exemple au premier TCD de la feuille **TCD Ventes annuelles** de votre classeur **Base de données pour TCD VotrePrénom** et faites le test en double-cliquant sur le **Total général** de la ligne **Mobilier** (cellule **E9**).

Excel crée aussitôt une nouvelle feuille sur laquelle sont copiées les lignes concernant le mobilier :

	A	B	C	D	E
1	Article	Prix	Rayon	Date vente	Soldé / Non soldé
2	Canapé	500	Mobilier		Non soldé
3	Canapé	1300	Mobilier	12/08/2016	Soldé
4	Canapé	3000	Mobilier	15/07/2016	Non soldé
5	Table salon	300	Mobilier	01/04/2015	Soldé
6	Table salon	1000	Mobilier	16/08/2016	Soldé
7	Table salon		Mobilier	16/07/2016	Soldé
8	Pouf	88	Mobilier	20/08/2016	Non soldé

A noter que cette nouvelle feuille s'est insérée à gauche de la feuille contenant le TCD. Vous pouvez la supprimer par un clic droit sur son onglet. Revenez à votre TCD et testez à nouveau cet outil en double-cliquant sur un autre chiffre du TCD : chaque fois, Excel créera une nouvelle feuille affichant le détail de la synthèse calculée. Supprimez toutes les feuilles que vous créerez sous peine d'être envahi.

Les graphiques dynamiques

Créer un Graphique dynamique

Tout comme les graphiques classiques que vous avez sans doute déjà étudiés, les graphiques dynamiques sont une représentation imagée des données chiffrées d'un tableau.

Pour créer un graphique dynamique, le TCD correspondant doit donc exister ; vous pouvez le créer vous-même ou laisser faire Excel, qui le créera automatiquement en même temps que le graphique. Tableau et graphique seront liés et toute modification apportée à l'un entraîne automatiquement la modification de l'autre.

En ce qui nous concerne, nous procéderons en créant nous-mêmes le TCD qui servira alors de base au graphique.

Revenez à la **Liste ventes Articles** et créez le TCD suivant sur une nouvelle feuille que vous nommerez **Graphique dynamique Ventes articles** :

	A	B	C	D
1				
2				
3	**Somme de Prix**	**Étiquettes de colonnes** ▾		
4	**Étiquettes de lignes** ▾	Non soldé	Soldé	Total général
5	Canapé	3500	1300	4800
6	Double-rideaux	333	400	733
7	Lampe		215	215
8	Pouf	88		88
9	Stores	150		150
10	Table salon		1300	1300
11	**Total général**	**4071**	**3215**	**7286**

Pour créer votre graphique dynamique, procédez comme suit :

- Dans l'onglet contextuel *Analyse,* groupe *Outils*, cliquez sur le bouton *Graphique croisé dynamique* (ou dans l'onglet *Insérer*, utiliser les boutons du groupe *Graphiques*)

- Dans la fenêtre *Insérer un graphique* qui s'affiche, choisissez par exemple le graphique *Histogramme 3D groupé*.

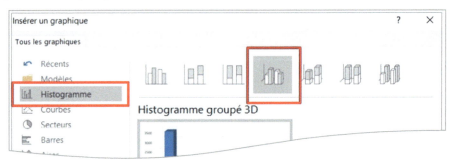

- Validez, vous devez obtenir le graphique dynamique suivant :

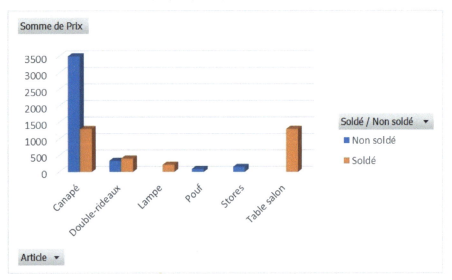

Si vous revenez à votre TCD et que vous intervertissez les champs (faites glisser le champ **Articles** en *Colonnes* et le champ **Soldé/Non soldé** en *Lignes*), vous constaterez que le graphique se modifie en même temps que le tableau.

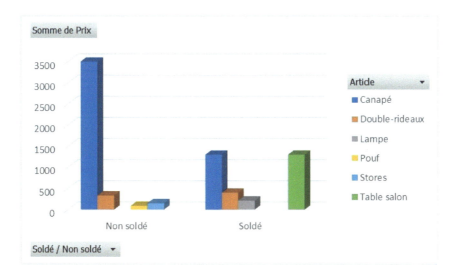

Personnaliser un graphique dynamique

Trois onglets contextuels vous permettront de personnaliser votre graphique dynamique : les onglets *Analyse*, *Création* et *Format*. Les options proposées sont sensiblement identiques aux options d'un graphique standard, nous ne les étudierons donc pas en détail ici.

Par exemple, activez l'onglet contextuel *Création* et effectuez les personnalisations suivantes :

- Bouton *Ajouter un élément de graphique*

    - Cliquez sur *Titre du graphique* pour ajouter le titre de graphique **Ventes Articles** au-dessus du graphique.

    - Cliquez sur *Légende* pour repositionner la légende en-dessous du graphique

- Bouton *Modifier les couleurs* et choisissez *Palette de couleurs 4*
- Bouton *Autres* de la galerie *Styles du graphique* et choisissez *Style 7*

Pour finir, effectuez les personnalisations suivantes :

- Dans l'onglet contextuel *Analyse*, groupe *Afficher/Masquer*, déroulez le bouton *Boutons de champs* et cliquez sur *Masquer tout*

- Dans l'onglet contextuel *Format*, groupe *Taille*, réglez la taille du graphique à 10 cm de haut sur 15 cm de large

Vous devez obtenir le résultat suivant :

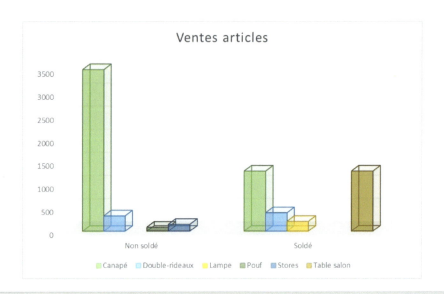

Exercices Graphiques dynamiques (corrigés à la fin de l'ouvrage)

Ouvrez votre classeur **Liste formations langues VotrePrénom** et utilisez la liste **Formations** pour réaliser les graphiques suivants :

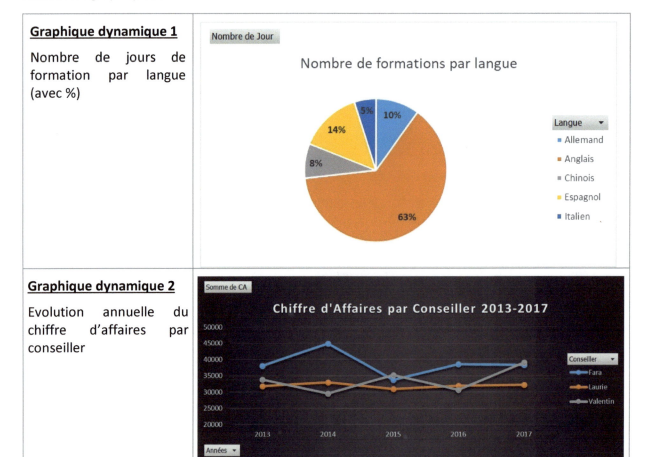

Graphique dynamique 1	
Nombre de jours de formation par langue (avec %)	
Graphique dynamique 2	
Evolution annuelle du chiffre d'affaires par conseiller	

Graphique dynamique 3	
Nombre de jours de formations par conseiller et par langue	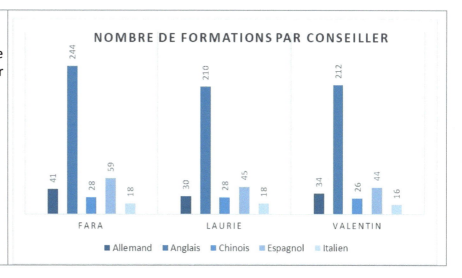

A CE POINT DU MANUEL, REALISER DES EXERCICES DE MISE EN APPLICATION POUR VALIDER LES CONNAISSANCES ACQUISES   6

 Aller plus loin avec les Tableaux Croisés Dynamiques

Les segments

Nous avons vu précédemment la zone *Filtres* affichée dans le volet des *tableaux croisés dynamiques*. Les *segments* sont des « super filtres » présentés sous forme de boutons. Ces outils vous permettront de choisir très rapidement et dynamiquement les éléments que vous souhaitez afficher dans votre TCD.

Ajouter un segment

Revenez à la feuille **Liste ventes articles** et créez rapidement le tableau croisé dynamique suivant sur une nouvelle feuille, que vous nommerez **TCD avec Supers filtres** :

	A	B	C
1			
2			
3	**Étiquettes de lignes** ▼	**Somme de Prix**	**Nombre de Article**
4	Canapé	4800	3
5	Double-rideaux	733	2
6	Lampe	215	2
7	Pouf	88	1
8	Stores	150	1
9	Table salon	1300	3
10	**Total général**	**7286**	**12**

Pour ajouter les segments, procédez comme suit :

- Dans l'onglet *Insertion/Insérer* , groupe *Filtres*, cliquez sur le bouton *Insérer un Segment*
- Dans la fenêtre qui s'affiche à l'écran, sélectionnez les champs **Rayon** et **Soldé/Non soldé**
- Validez : deux segments s'affichent à droite du TCD

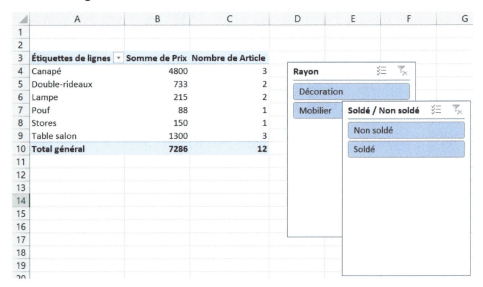

Pour filtrer votre TCD, il vous suffit maintenant de cliquer sur les boutons affichés dans les segments. Par exemple, cliquez sur **Mobilier** et sur **Soldé** (vous pouvez déplacer vos segments pour éviter qu'ils ne se superposent et gênent votre sélection).

Pour désactiver le filtre dans un segment, cliquez sur le bouton ⊞ en haut à droite du segment

 Vous pouvez sélectionner plusieurs éléments dans un segment à l'aide de la touche Ctrl du clavier.

Modifier la présentation du segment

Pour personnaliser la présentation d'un segment, le sélectionner et utiliser les outils de l'onglet contextuel *Options*.

Vous pouvez par exemple :

- personnaliser la couleur de chaque segment dans la galerie *Styles de segments*
- utiliser le bouton *Colonnes* du groupe *Boutons* pour indiquer que vous souhaitez afficher les éléments d'un bouton sur plusieurs colonnes
- modifier la largeur et la hauteur des segments par les zones du groupe *Taille*

Désactivez tous les filtres des segments (bouton ![icone] en haut à droite du segment) et enregistrez votre classeur **Base de données pour TCD VotrePrénom**.

Les filtres chronologiques

Outre les segments qui vous permettent de filtrer rapidement par élément de champ, vous pouvez également choisir d'utiliser un *filtre chronologique* si vous liste comporte un ou plusieurs champs de type dates ou heures.

- Revenez à votre tableau croisé dynamique créé sur la feuille **TCD Supers filtres**
- Dans l'onglet *Insertion/Insérer*, groupe *Filtres*, cliquez sur le bouton *Chronologie* ![icone] Chronologie
- Dans la fenêtre qui s'affiche, cochez **Date vente** (notre seul champ de la liste contenant des dates)
- Validez : le filtre chronologique s'affiche dans la feuille

- Pour choisir une période précise à représenter dans votre TCD, procéder comme suit :
  - Cliquer pour sélectionner l'intervalle de temps (Mois, Trimestres, Années)
  - Cliquer-glisser sur les poignées de début ![icone] et fin ![icone] du curseur pour sélectionner la période
  - Cliquer sur la barre de défilement horizontale pour visualiser la période voulue

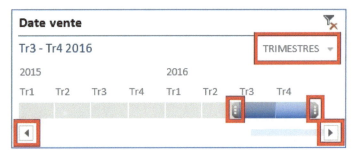

- Le tableau croisé dynamique n'affiche plus que les informations de la période indiquée par le filtre chronologique
- Pour désactiver le filtre chronologique, cliquez sur le bouton ▼ en haut à droite du filtre

Modifier la présentation du filtre chronologique

Pour personnaliser la présentation d'un filtre chronologique, le sélectionner et utiliser les outils de l'onglet contextuel **Options**.

Désactivez le filtre chronologique (bouton ▼ en haut à droite du filtre) et enregistrez votre classeur **Base de données pour TCD VotrePrénom**.

Afficher les données en pourcentage dans un Tableau Croisé Dynamique

Vous pouvez choisir bien des calculs avec les tableaux croisés dynamiques. Voyons maintenant quelques options de synthèse plus poussées.

*Pour effectuer les manipulations qui suivent, utilisez la feuille **Liste ventes articles** de votre classeur **Base de données pour TCD VotrePrénom**.*

Pourcentage du total

- Créez rapidement le TCD suivant sur une nouvelle feuille.

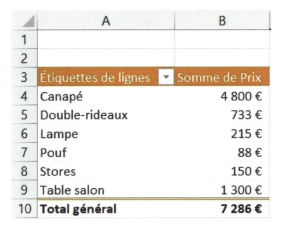

- Renommez la feuille TCD Répartition Chiffre d'affaires.
- Effectuez les manipulations suivantes :
  - Faites glisser le champ **Prix** une deuxième fois dans la zone *Valeurs*
  - Déroulez le champ et cliquez sur *Paramètres des champs de valeurs*
  - Dans le premier onglet *Synthèse des valeurs par*, sélectionnez la fonction *Somme*
  - Saisissez *Répartition* dans la zone *Nom personnalisé*
  - Activez le deuxième onglet *Afficher les valeurs*
  - Cliquez sur la flèche ⏷ pour dérouler la liste et choisissez *% du total général*.

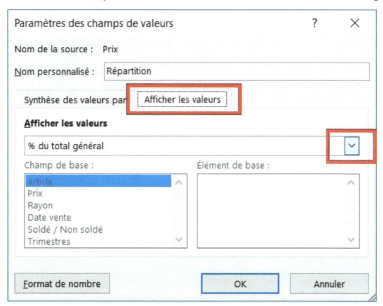

- Validez, vous devez obtenir le résultat suivant :

	A	B	C
1			
2			
3	Étiquettes de lignes ⏷	Somme de Prix	Répartition
4	Canapé	4 800 €	65,88%
5	Double-rideaux	733 €	10,06%
6	Lampe	215 €	2,95%
7	Pouf	88 €	1,21%
8	Stores	150 €	2,06%
9	Table salon	1 300 €	17,84%
10	**Total général**	**7 286 €**	**100,00%**

 *Vous pouvez également cliquer droit sur l'un des chiffres de votre tableau et choisir **Afficher les valeurs** pour accéder aux mêmes options de synthèse en %.*

Enregistrez et refermez votre classeur *Base de données pour TCD VotrePrénom*.

Nous allons maintenant étudier un autre exemple de calcul de synthèse intéressant : nous voulons connaître l'évolution de notre chiffre d'affaires d'une année sur l'autre.

Pour cela, ouvrez votre classeur **Liste formations langues VotrePrénom** et utilisez la liste **Formations** pour réaliser le TCD suivant :

- Champ **Jour** en zone *Lignes* avec regroupement par **Années**
- Champ **CA** en zone *Valeurs* avec une synthèse par **Somme**

Renommez la feuille **Evolution Chiffre d'affaires** puis complétez le tableau de la façon suivante :

- Faites glisser une deuxième fois le champ **CA** depuis la liste des champs jusqu'à la zone *Valeurs*
- Déroulez le champ et cliquez sur *Paramètres des champs de valeur*
- Dans le premier onglet *Synthèse des valeurs par*, sélectionnez la fonction *Somme* et saisissez **Evolution Année N-1** dans la zone *Nom personnalisé*
- Activez le deuxième onglet *Afficher les valeurs*
- Sous *Afficher les valeurs*, cliquez sur la flèche ⌄ et choisissez *Différence en % par rapport*
- Sélectionnez **Années** dans la liste *Champ de base* à gauche
- Sélectionnez *Précédent* dans la liste *Elément de base*

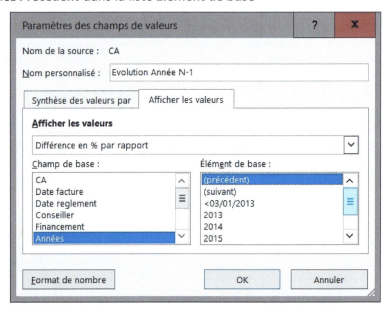

- Validez, vous devez obtenir le résultat suivant :

	A	B	C
1			
2			
3	**Étiquettes de lignes** ▾	**Somme de CA**	**Evolution Année N-1**
4	2013	103 643 €	
5	2014	107 244 €	3,47%
6	2015	99 914 €	-6,83%
7	2016	101 112 €	1,20%
8	2017	109 490 €	8,29%
9	**Total général**	**521 403 €**	

Enregistrez et refermez votre classeur **Liste formations langues VotrePrénom**.

Regroupement manuel des étiquettes de ligne ou colonne

Pour effectuer les manipulations qui suivent, rouvrez votre classeur **Base de données pour TCD VotrePrénom** *et activez la feuille* **TCD Répartition Chiffre d'affaires** *créée précédemment.*

Comme nous l'avons vu à plusieurs reprises, Excel est capable de proposer des regroupements par périodes sur des champs contenant des dates. Vous pouvez également décider de regrouper vos données selon un critère qui vous est propre.

Par exemple, dans notre tableau **Répartition Chiffre d'affaires**, vous pourriez vouloir regrouper les deux lignes **Double-rideaux** et **Stores** sous la dénomination **Rideaux et stores**. Pour cela, il nous faut avant tout faire en sorte de rassembler les deux lignes l'une en-dessous de l'autre :

- cliquez sur la cellule contenant **Stores**

- visez la bordure de la cellule et lorsque vous voyez apparaître le pointeur à quatre flèches ⬛, cliquez-glissez vers le haut pour repositionner la ligne **Stores** en-dessous de la ligne **Double-rideaux**.

3	Étiquettes de lignes ▾	Somme de Prix	Répartition
4	Canapé	4 800 €	65,88%
5	Double-rideaux	733 €	10,06%
6	Lampe	215 €	2,95%
7	Pouf	88 €	1,21%
8	Stores	150 €	2,06%
9	Table salon	1 300 €	17,84%
10	**Total général**	**7 286 €**	**100,00%**

Nous pouvons maintenant procéder au regroupement des deux lignes :

- sélectionnez les deux cellules contenant **Double-rideaux** et **Stores**

- cliquez droit sur votre sélection et choisissez *Grouper*

- Excel regroupe aussitôt les deux lignes sous le libellé **Groupe1,** en totalisant les prix des deux lignes

- cliquez sur **Groupe1** et cliquez en barre de formule pour remplacer ce libellé par **Rideaux et stores**

3	Étiquettes de lignes ▼	Somme de Prix	Répartition
4	⊟ **Canapé**	**4 800 €**	**65,88%**
5	Canapé	4 800 €	65,88%
6	⊟ **Rideaux et Stores**	**883 €**	**12,12%**
7	Double-rideaux	733 €	10,06%
8	Stores	150 €	2,06%
9	⊟ **Lampe**	**215 €**	**2,95%**
10	Lampe	215 €	2,95%
11	⊟ **Pouf**	**88 €**	**1,21%**
12	Pouf	88 €	1,21%
13	⊟ **Table salon**	**1 300 €**	**17,84%**
14	Table salon	1 300 €	17,84%
15	**Total général**	**7 286 €**	**100,00%**

A noter qu'Excel a également appliqué le regroupement pour les autres éléments du champ **Articles** en reprenant le nom de chaque élément.

Cliquez sur le signe moins à gauche des groupes pour masquer la ou les lignes détail.

Pour masquer (ou réafficher) tous les détails de tous les groupes, cliquez droit sur le nom d'un groupe puis cliquez sur Développer/Réduire et enfin sur Réduire le champ entier ou Développer le champ entier.

3	Étiquettes de lignes ▼	Somme de Prix	Répartition
4	⊞ **Canapé**	**4 800 €**	**65,88%**
5	⊞ **Rideaux et Stores**	**883 €**	**12,12%**
6	⊞ **Lampe**	**215 €**	**2,95%**
7	⊞ **Pouf**	**88 €**	**1,21%**
8	⊞ **Table salon**	**1 300 €**	**17,84%**
9	**Total général**	**7 286 €**	**100,00%**

 Les champs calculés dans un TCD

Il vous est possible de créer une nouvelle information, donc un nouveau champ, directement dans votre tableaux croisé dynamique sans avoir à l'ajouter à votre liste de données.

Par exemple, nous aimerions connaître la marge réalisée sur chacun de nos articles et de nos rayons, sans pour autant avoir à ajouter une nouvelle colonne dans la liste. Voyons comment procéder.

Pour commencer, ouvrez votre classeur **Base de données pour TCD VotrePrénom** et créez le nouveau TCD suivant sur une nouvelle feuille que vous nommerez **TCD calcul marge** :

- Champ **Rayon** en premier champ dans la zone *Lignes*
- Champ **Article** en second champ dans la zone *Lignes*
- Champ **Prix** en zone *Valeurs* avec une synthèse par **Somme**
- Formattez les nombres en € sans décimales

- Renommez la feuille **TCD calcul marge**

3	Étiquettes de lignes ▼	Somme de Prix
4	⊟ **Décoration**	**1 098 €**
5	Double-rideaux	733 €
6	Lampe	215 €
7	Stores	150 €
8	⊟ **Mobilier**	**6 188 €**
9	Canapé	4 800 €
10	Pouf	88 €
11	Table salon	1 300 €
12	**Total général**	**7 286 €**

Créer un champ calculé

Nous allons maintenant ajouter un champ au TCD pour calculer notre marge, qui est de 31 % du prix pour chaque article :

- Cliquez sur une cellule du TCD
- Dans l'onglet *Analyse*, groupe *Calculs*, cliquez sur le bouton *Champs, éléments et jeux* puis sur *Champ calculé*
- Dans la boite de dialogue qui s'affiche, renseignez les informations suivantes :
  - Zone *Nom* : saisissez **Marge**
  - Zone *Formule* : saisissez le signe **=** puis double-cliquez sur le champ **Prix** dans la liste des champs (le champ **Prix** s'ajoute à la formule)
  - Poursuivez la formule en ajoutant ***31 %** dans la zone *Formule*, soit la formule complète suivante :

    =Prix*31%

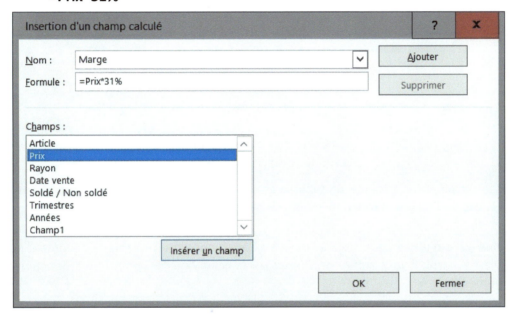

- Validez : le champ **Somme de marge** s'est ajouté à votre TCD, ainsi qu'à la liste de vos champs.

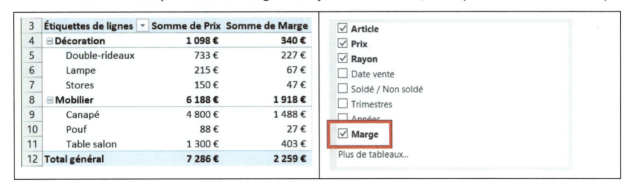

Modifier / Supprimer un champ calculé de TCD

- Cliquez sur le TCD

- Dans l'onglet *Analyse*, groupe *Calculs*, cliquez sur le bouton *Champs, éléments et jeux* puis sur *Champ calculé*

- Dans la boite de dialogue qui s'affiche, cliquez sur la flèche déroulante à droite de la zone *Nom* :

- Cliquez sur le nom du champ dans la liste qui s'affiche

- Pour le modifier, changez la formule

- Pour le supprimer, cliquez sur le bouton *Supprimer*

 La Fonction =LIREDONNEESTABCROISDYNAMIQUE()

Les synthèses calculées fournies par un tableau croisé dynamique peuvent être récupérées dans une cellule en dehors du TCD par la fonction *=LIREDONNEESTABCROISDYNAMIQUE()*.

Rassurez-vous, vous n'aurez heureusement pas à saisir ce nom interminable : au moment de la saisie de la formule de calcul, il vous suffira de cliquer sur la cellule du TCD pour que la fonction s'inscrive automatiquement.

Si nous reprenons l'exemple de notre précédent tableau créé dans la feuille **TCD calcul marge**, nous pourrions vouloir calculer la TVA du total des prix :

- Cliquez sur une cellule vide en-dessous de votre tableau (**A15** par exemple) et saisissez **TVA :**

- Dans la cellule de droite (**B15** par exemple), saisissez le signe **=** puis cliquez sur la cellule du TCD contenant le total général en euros (**B12** par exemple si votre TCD se présente tel que ci-dessous)

- Excel inscrit automatiquement la fonction *LIREDONNEESTABCROISDYNAMIQUE* avec ses arguments, soit **=LIREDONNEESTABCROISDYNAMIQUE("Somme de Prix";A3)**

- Poursuivez la formule en saisissant ***20%** après la parenthèse finale de la fonction

- Validez par **Entrée** au clavier

	A	B	C	D	E
1					
2					
3	**Étiquettes de lignes** ▾	**Somme de Prix**	**Somme de Marge**		
4	⊟ **Décoration**	**1 098 €**	**340 €**		
5	Double-rideaux	733 €	227 €		
6	Lampe	215 €	67 €		
7	Stores	150 €	47 €		
8	⊟ **Mobilier**	**6 188 €**	**1 918 €**		
9	Canapé	4 800 €	1 488 €		
10	Pouf	88 €	27 €		
11	Table salon	1 300 €	403 €		
12	**Total général**	**7 286 €**	**2 259 €**		
13					
14					
15	TVA :	=LIREDONNEESTABCROISDYNAMIQUE("Somme de Prix";A3)*20%			

L'avantage de la fonction par rapport à une formule classique telle que **B12*20%** est qu'Excel s'adaptera automatiquement si la cellule contenant le total des prix vient à changer d'emplacement suite à la mise à jour du TCD (un nouveau produit apparaît par exemple et décale le total général du tableau en **B13**).

 *A noter que si l'information utilisée par la formule n'est pas simplement déplacée mais <u>disparaît</u> du tableau durant une modification du TCD (vous changez le calcul en **moyenne** au lieu de **somme** par exemple), la fonction affichera une valeur d'erreur **#REF!**

Les outils d'affichage et d'impression dans un grand tableau

*Pour effectuer les manipulations qui suivent, vous pouvez utiliser la feuille **Secrétariat RH 2017** du classeur* **Listes diverses VotrePrénom**.

Travailler dans un grand tableau ou dans une liste peut présenter différents problèmes :
- La plage de cellules est trop importante pour être confortablement visualisée dans son entier
- Les cellules contenant les titres disparaissent lorsque vous naviguez plus bas ou plus à droite
- Vous auriez besoin de visualiser en même temps la partie haute et la partie basse de la plage
- Vous voulez comparer à l'écran des données situées sur des feuilles ou même des classeurs différents

A chaque problème, sa solution :
- changer le zoom d'affichage en fonction de vos besoins de lisibilité
- masquer provisoirement certaines colonnes (sans oublier de les réafficher si nécessaire) ou utiliser un plan
- figer les cellules de titres à l'écran ou fractionner la feuille
- partager l'écran afin d'afficher plusieurs tableaux

Commençons à étudier tous ces différents cas qui pourront se présenter à vous, que nous avons d'ailleurs pour certains déjà eu l'occasion de rencontrer brièvement au cours de nos manipulations.

Le zoom d'affichage

Situé en bas à droite de la fenêtre Excel, le zoom vous permet d'agrandir ou réduire l'affichage de la fenêtre et se révèle particulièrement utile pour la prise en main d'une grande plage de données.
Faites glisser le curseur pour augmenter ou diminuer le pourcentage de l'affichage (vous pouvez également cliquer sur les boutons ⊖ ou ⊕ affichés dans la barre du zoom).

Une fois la saisie de vos données terminée, vous pouvez par exemple décider de diminuer le zoom d'affichage pour voir votre œuvre dans son entier le temps d'effectuer vos mises en forme plus confortablement.

 Pour effectuer un zoom automatique sur une partie spécifique de la liste ou du tableau, sélectionnez la plage de cellules qui vous intéresse et cliquez sur le bouton **Zoom sur la sélection** *dans l'onglet* **Affichage**.

Masquer des lignes ou des colonnes

Pour effectuer les manipulations qui suivent, vous pouvez utiliser la feuille ***Secrétariat & RH*** *du classeur* **Listes diverses VotrePrénom**.

Vous pouvez décider de ne plus afficher provisoirement certaines lignes ou colonnes de votre tableau sans pour autant les supprimer. Il vous suffit dans ce cas de les masquer.

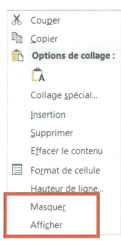

Nous décidons par exemple de masquer les lignes **11** à **17** :

- Sélectionnez les lignes **11** à **17** en cliquant-glissant sur leur en-tête numéroté sur la gauche de l'écran
- Cliquez sur l'une des lignes sélectionnées à l'aide du bouton droit de la souris
- Dans le menu contextuel qui s'affiche, cliquez sur *Masquer* Alternativement, vous trouverez la commande *Masquer et Afficher* en passant par le bouton *Format* du groupe *Cellules* dans l'onglet *Accueil*

 Masquer des lignes ou des colonnes vous permet non seulement de ne pas les visualiser à l'écran mais également de **ne pas les imprimer.**

Réafficher des lignes ou des colonnes masquées

Pour réafficher des lignes ou des colonnes masquées, procédez comme suit :
- Sélectionnez les deux lignes ou colonnes qui jouxtent les lignes ou les colonnes masquées (par exemple, pour nos lignes **11** à **17** précédemment masquées, sélectionnez les lignes 10 et 18)
- Cliquez droit sur les en-têtes des lignes sélectionnées et choisissez *Afficher*

EXERCICE

- *Dans la feuille **Immobilier** du classeur* **Listes diverses VotrePrénom,** *masquez les colonnes **I** à **N**. Masquez également les lignes 2 à 7*
- *Lancez un aperçu avant impression pour vérifier que les lignes et colonnes masquées ne s'imprimeront pas*
- *Réaffichez toutes les lignes et colonnes*

Le mode Plan

Si vous avez souvent besoin de réafficher des lignes ou colonnes masquées, vous préférerez sans doute utiliser le ***Plan***, autre outil proposé par Excel (vous avez peut-être déjà découvert le plan lors de manipulations avec les ***sous-totaux***).

Le mode ***Plan*** présente l'avantage d'être plus souple et plus rapide à utiliser que la commande ***Masquer*** lorsque l'on passe souvent de l'affichage au masquage des données.

Activer le mode plan

Dans la feuille **Immobilier**, nous souhaitons par exemple cacher les quatre colonnes **G, H, I** et **J**.
- Sélectionnez les colonnes **G, H, I** et **J** en cliquant-glissant sur leur en-tête
- Dans l'onglet ***Données***, groupe ***Plan***, déroulez le bouton ***Grouper*** puis cliquez sur ***Grouper***
- Un symbole de plan apparaît au-dessus des colonnes

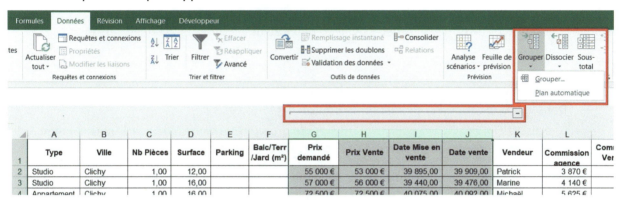

Utiliser le plan

Une fois le plan mis en place, vous pouvez à votre gré masquer ou afficher les colonnes :
- Cliquez sur le bouton ⊟ pour masquer les colonnes et sur le bouton ⊞ pour les réafficher

Nous voulons également pouvoir masquer et réafficher rapidement les seules colonnes de prix :

- Sélectionnez les colonnes **G** et **H** et cliquez à nouveau sur le bouton ***Grouper***.
  Un nouveau niveau de groupe est créé.

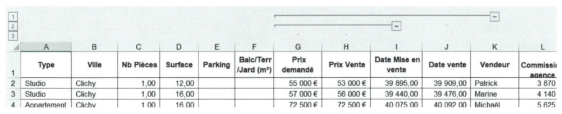

- Cette fois encore, vous pouvez utiliser les boutons ⊟ ou ⊞ pour masquer ou réafficher les différentes *colonnes*.

- Alternativement, vous pouvez utiliser les boutons ☐1☐ ☐2☐ ou ☐3☐ affichés à la gauche du plan pour masquer et réafficher rapidement les différents niveaux de plan.

 Vous pouvez de la même façon masquer ou réafficher rapidement des lignes. Dans ce cas, les symboles du plan apparaissent sur la gauche des en-têtes de lignes.

Effacer le plan

- Resélectionnez les colonnes ou les lignes groupées
- Dans l'onglet *Données*, groupe *Plan*, cliquez sur le bouton *Dissocier*

Si vous avez créé plusieurs niveaux de plan, vous pouvez également les supprimer tous rapidement en déroulant le bouton *Dissocier* et en cliquant sur *Effacer le plan*.

Figer les volets

Pour effectuer les manipulations qui suivent, vous pouvez utiliser la feuille **Immobilier** *du classeur* **Listes diverses VotrePrénom**.

L'utilisation des *volets* vous permettra de toujours garder visible à l'écran la/les premières lignes ou colonnes de la feuille lors du défilement vers le bas ou vers la droite. Sur la liste ci-après par exemple, la ligne contenant les titres (ligne 1) reste figée en dépit du défilement de la feuille vers le bas.

Figer la ligne 1 ou la colonne A

- Quelle que soit votre position dans la feuille, activez l'onglet *Affichage*
- Dans le groupe *Fenêtre*, cliquez sur le bouton *Figer les volets*
- Choisissez *Figer la ligne supérieure* ou *Figer la première colonne* : la ligne **1** ou la colonne **A** de la feuille resteront toujours visibles à l'écran en cas de défilement des lignes ou des colonnes.

  Dans l'exemple ci-dessous, nous avons fait défiler jusqu'à la ligne **86** de la liste tout en conservant la ligne **1** visible à l'écran. Faites le test en appliquant la commande *Figer la ligne supérieure*.

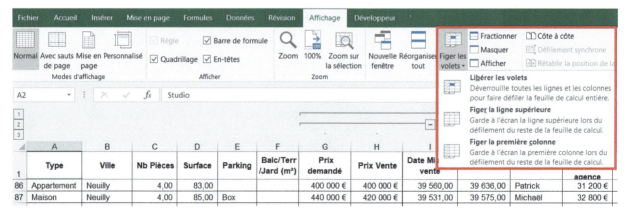

 Les deux options proposées **Figer la ligne supérieure** *ou* **Figer la première colonne** *ne permettent de figer qu'un élément à la fois, la ligne 1 ou la colonne A.*
Pour davantage de possibilités, utiliser la commande **Figer les volets** *(voir ci-après).*

Figer une ligne ou une colonne spécifique

Si vos titres ne se situent pas dans la première ligne ou la première colonne de la feuille, vous pourrez appliquer la commande *Figer les volets* à l'emplacement de votre choix :

- Sélectionnez la ligne en-dessous des titres ou la colonne à la droite des titres (par exemple, sélectionnez la ligne **3** pour figer les lignes **1** et **2** ou sélectionnez la colonne **D** pour figer les colonnes **A**, **B** et **C**)
- Dans l'onglet *Affichage*, groupe *Fenêtre*, déroulez le bouton *Figer les volets* et cliquez sur *Figer les volets* (si *Figer les volets* ne figure pas dans la liste, cliquez préalablement sur *Libérer les volets*)

  Faites le test sur la liste **Immobilier** en figeant les volets après avoir sélectionné la colonne **D** : lorsque vous effectuez un défilement des colonnes vers la droite, les colonnes **Type**, **Ville** et **NB** pièces restent toujours visibles à l'écran.

Figer en même temps lignes et colonnes

Pour figer simultanément des lignes et des colonnes, vous devez sélectionner la cellule en-dessous de la ligne et à droite de la colonne que vous souhaitez figer puis cliquer sur le bouton *Figer les volets*. Dans la liste **Immobilier** par exemple, si vous voulez figer en même temps la ligne **1** et les trois premières colonnes, vous devez sélectionner la cellule **D2**.

Libérer les volets

Vous pouvez bien sûr rendre l'affichage et le défilement de la feuille à son état d'origine :

- Dans l'onglet *Affichage*, groupe *Fenêtre*, cliquez sur le bouton *Figer les volets* puis sur *Libérer les volets*.

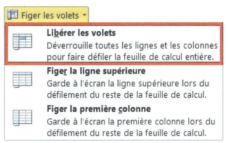

 Le fractionnement

Pourquoi fractionner la fenêtre d'Excel ?

Lorsque vous travaillez sur un grand tableau de bord, il peut être intéressant d'afficher différentes parties de la feuille pour visualiser des cellules distantes, par exemple les cellules des lignes **3** à **8** et celles des lignes **23** à **30**.

Cela peut vous permettre d'effectuer des comparaisons sans devoir sans cesse faire défiler votre feuille de calcul dans un sens puis dans l'autre.

Appliquer un fractionnement

*Pour effectuer les manipulations qui suivent, vous pouvez utiliser la feuille **Secrétariat & RH** du classeur* **Listes diverses VotrePrénom**.

Pour appliquer un fractionnement, suivez la procédure suivante :
- Sélectionnez la ligne **10** (l'écran sera divisé en deux parties à partir de cette position)
- Dans l'onglet **Affichage,** groupe **Fenêtre,** cliquez sur le bouton **Fractionner**

- Une ligne grise s'affiche pour indiquer l'endroit du fractionnement ; la partie haute et la partie basse de l'écran possèdent chacune une barre de défilement verticale et vous pouvez faire défiler les lignes de façon indépendante dans chaque partie de la fenêtre
- Utilisez la barre de défilement verticale de la partie inférieure de la fenêtre pour descendre dans la feuille et afficher par exemple le planning de la semaine 4 (à partir de la ligne **24**), la partie haute de la fenêtre montrant toujours la semaine 1 (lignes **1** à **8**).

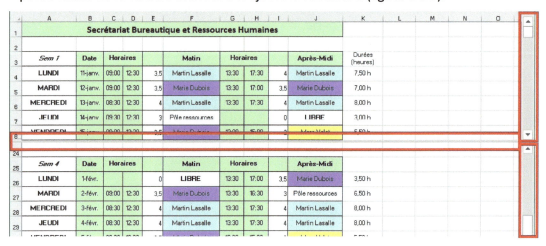

Supprimer le fractionnement

- Dans l'onglet **Affichage,** groupe **Fenêtre,** désactivez le bouton **Fractionnement**

Impression d'une liste ou d'un grand tableau

Les sauts de page

*Pour effectuer les manipulations qui suivent, vous pouvez utiliser la feuille **Validation de données** du classeur* **Listes diverses VotrePrénom**.

Lorsqu'un tableau ou une liste s'imprime sur plusieurs pages, vous pouvez forcer la position des coupures de page. Dans notre tableau **Validation de données** par exemple, la coupure de page prévue par Excel se situe avant la colonne **H**, mais nous préférons qu'elle se situe avant la colonne **G** :
- Sélectionnez la colonne **G**
- Dans l'onglet **Mise en page**, groupe **Mise en page**, cliquez sur le bouton **Saut de page** puis

cliquez sur *Insérer un saut de page*

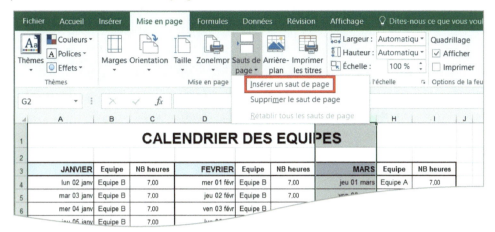

 Les sauts de page imposés par l'utilisateur sont symbolisés à l'écran par un trait gris continu, contrairement aux sauts de page automatiques d'Excel qui sont symbolisés par un trait gris en pointillés.

Pour supprimer votre saut de page, resélectionnez la colonne **G** et dans l'onglet *Mise en page*, cliquez à nouveau sur le bouton *Sauts de page* puis cliquez sur *Supprimer le saut de page*.

L'affichage Aperçu des sauts de page

Ce mode d'affichage spécifique vous permettra non seulement de visualiser très clairement vos sauts de page, mais également de changer leur emplacement d'un simple cliquer-glisser :

- Pour lancer l'affichage *Aperçu des sauts de page*, cliquez sur le bouton du même nom ⊞ en bas à droite de l'écran Excel, à côté du zoomù
- Visez les traits bleus et cliquez-glissez vers la gauche ou vers la droite pour changer l'emplacement du saut de page

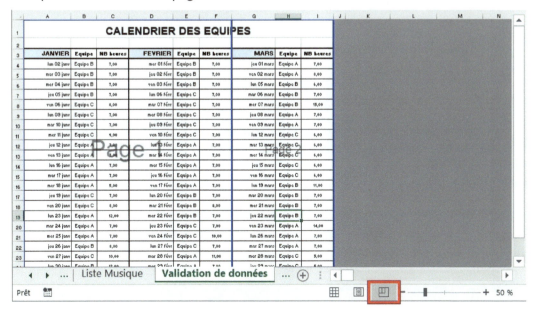

- Pour quitter l'affichage *Aperçu des sauts de page*, cliquez sur le bouton d'affichage *Normal* ⊞ en bas à droite de l'écran Excel.

 Déplacer un saut de page en mode Aperçu des sauts de page peut modifier le pourcentage de l'échelle d'impression, visible dans l'onglet Mise en page, groupe Mise à l'échelle (voir ci-après).

Réduire le nombre de pages imprimées

Pour effectuer les manipulations qui suivent, vous pouvez utiliser la feuille **Immobilier** *du classeur* **Listes diverses VotrePrénom**.

Pour limiter le nombre de pages imprimées, pensez à utiliser l'ajustement automatique en déclarant le nombre de pages maximum que vous autorisez en largeur et en hauteur lors de l'impression. Excel effectuera alors si nécessaire un zoom réducteur afin de limiter le nombre de pages.

Si vous lancez un aperçu avant impression, vous verrez que la liste **Immobilier** s'imprimerait en l'état sur **6** pages au total, deux en largeur et trois en hauteur. Or, nous souhaitons qu'elle ne s'imprime que sur 2 pages en hauteur :

- Activez l'onglet *Mise en page*, groupe *Mise à l'échelle* : les boutons *Largeur* et *Hauteur* sont réglés par défaut sur *Automatique* et l'échelle d'impression est à **100 %**
- Déroulez la zone *Hauteur* et sélectionnez *2 pages*
- Excel recalcule le pourcentage nécessaire pour réduire l'impression au nombre de pages demandé
- La zone *Echelle* indique le pourcentage de réduction appliqué

- Si vous relancez l'aperçu avant impression, vous constaterez que le nombre de pages imprimées est bien passé à 4.

Imprimer les titres sur chaque page imprimée

Une autre difficulté liée aux grands tableaux est leur impression. En effet, lorsque le tableau est large et/ou long, une fois la première page passée, on ne sait plus à quel intitulé de colonne ou de ligne correspondent les données imprimées. Là encore, Excel vous propose une solution, **la réimpression des titres** de colonnes et de lignes sur chaque page imprimée.

- Dans l'onglet *Mise en page*, cliquez sur le bouton *Imprimer les titres*
- Dans la fenêtre qui s'affiche, cliquez pour positionner votre curseur dans la zone *Lignes à répéter en haut* puis cliquez sur une cellule de la ligne de titres dans la liste (ligne **1** pour la liste **Immobilier**)

	A	B	C
1	Type	Ville	Nb Pièces
2	Studio	Clichy	1,00
3	Studio	Clichy	1,00
4	Appartement	Clichy	1,00
5	Appartement	Clichy	2,00
6	Studio	Clichy	1,00
7	Appartement	Clichy	2,00

 Si votre liste est très large et que les colonnes s'impriment sur plusieurs pages, vous pouvez de la même façon utiliser la zone **Colonnes à répéter à gauche** *pour qu'une ou plusieurs colonnes se répètent sur chaque page imprimée.*

Afficher plusieurs feuilles à l'écran

Pour effectuer les manipulations qui suivent, ouvrez le classeur **Plannings 2015-2017** *mis à votre disposition sur le réseau et enregistrez-le dans votre dossier sous le nom* **Plannings 2015-2017 VotrePrénom**.

Imaginons que vous ayez besoin de comparer deux tableaux. Plutôt que de les imprimer et les comparer sur papier, pourquoi ne pas le faire directement à l'écran ?

Afficher plusieurs feuilles de classeurs différents

Par exemple, nous avons saisi les plannings des années 2015 à 2017 dans le classeur **Plannings 2015-2017 VotrePrénom**. Nous voulons à présent pouvoir comparer le planning de l'année 2017 à celui de l'année 2018 créé dans le classeur **Listes Diverses VotrePrénom**. Voici comment procéder :

- Si ce n'est déjà fait, ouvrez le classeur **Plannings 2015-2017 VotrePrénom** et cliquez sur l'onglet de la feuille **Secrétariat & RH 2017** pour l'afficher
- Ouvrez également le classeur **Listes Diverses VotrePrénom** et cliquez sur l'onglet de la feuille **Secrétariat & RH** pour l'afficher
- Afin de partager l'écran Excel entre les deux classeurs ouverts, cliquez sur l'onglet *Affichage* puis sur le bouton *Réorganiser tout* du groupe *Fenêtre*
- Dans la boite de dialogue qui s'affiche, sélectionnez l'option *Vertical* (ou *Horizontal* pour afficher les classeurs l'un en-dessous de l'autre)

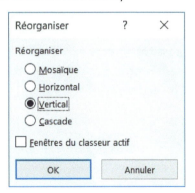

- Validez : l'écran Excel est divisé verticalement en deux parties, l'une affichant le premier de vos classeurs, l'autre affichant le second classeur.

 Bien que deux classeurs soient affichés à l'écran, un seul d'entre eux peut être le classeur dit « actif », c'est-à-dire celui en cours d'utilisation et contenant le focus : il s'agit de celui affichant le plus clairement les informations dans sa barre de titre en haut de la fenêtre.

Dans notre exemple ci-dessus, la fenêtre de gauche est donc la fenêtre active.

Pour activer l'autre fenêtre, cliquez simplement dessus à l'aide de votre souris afin de lui donner le focus.

Désactiver le multifenêtrage

Pour revenir à un affichage normal de vos fenêtres, cliquez tout simplement sur le bouton **Agrandir** dans l'en-tête de la fenêtre de votre choix (par exemple du classeur Plannings 2015-2017 VotrePrénom).

Afficher plusieurs feuilles d'un même classeur

Nous venons de voir comment partager notre écran entre plusieurs classeurs. Mais si les tableaux à comparer se trouvent sur les feuilles d'un même classeur, vous devez dans ce cas commencer par créer une nouvelle fenêtre sur le classeur avant de partager l'écran.

Dans le classeur Plannings 2015-2017 VotrePrénom, nous voulons par exemple comparer les plannings des années 2017 et 2016 :

- Si ce n'est déjà fait, ouvrez le classeur Plannings 2015-2017 VotrePrénom
- Dans l'onglet **Affichage**, cliquez sur le bouton **Nouvelle fenêtre** du groupe **Fenêtre**
- Une seconde fenêtre s'ouvre aussitôt, avec la mention **- 2** affiché à la suite du nom du classeur, soit Plannings 2015-2017 VotrePrénom **- 2** (parallèlement, la mention **- 2** s'ajoute à la première fenêtre, cachée pour l'instant en arrière-plan)

- Pour partager l'écran Excel entre les deux fenêtres ouvertes sur le classeur, cliquez comme précédemment sur l'onglet *Affichage* puis sur le bouton *Réorganiser tout* du groupe *Fenêtre*

- Dans la boite de dialogue qui s'affiche, sélectionnez l'option *Vertical* (ou *Horizontal* pour afficher les classeurs l'un en-dessous de l'autre)
- Cochez l'option *Fenêtres du classeur actif* pour indiquer que vous ne voulez visualiser que les fenêtres du classeur **Plannings 2015-2017** (les fenêtres des autres classeurs éventuellement ouverts seront automatiquement réduites)
- Une fois la fenêtre Excel partagée, cliquez sur l'onglet de chaque feuille à visualiser dans sa fenêtre respective (par exemple à gauche la feuille *Secrétariat* **RH 2017** et à droite la feuille *Secrétariat* **RH 2016**).

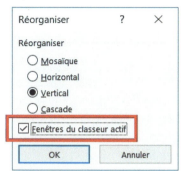

Comparer en côte à côte

Un autre outil existe, très semblable à l'affichage que nous venons d'étudier, mais plus avantageux lorsqu'il s'agit plus précisément de comparer le contenu de deux feuilles en faisant défiler les lignes ou les colonnes de façon synchronisée. Il s'agit de l'outil *Afficher côte à côte*.

Pour tester cette fonctionnalité, conserver les deux fenêtres précédemment ouvertes sur le même classeur (sachant que la comparaison pourrait bien sûr se faire sur des feuilles de classeurs différents) et :

- Positionnez-vous dans l'une des fenêtres ouvertes, par exemple **Plannings 2015-2017 VotrePrénom - 1** et activez la feuille *Secrétariat* **RH 2017**
- Dans l'onglet *Affichage*, cliquer sur le bouton *Côte à côte* du groupe *Fenêtre*

- Une boite de dialogue s'affiche, listant les différentes fenêtres ouvertes : sélectionnez la fenêtre avec laquelle vous voulez effectuer la comparaison, par exemple **Plannings 2015-2017 VotrePrénom - 2**
- Aussitôt, le bouton *Défilement synchronisé* du groupe *Fenêtre* s'active automatiquement (si ce n'est pas le cas, cliquez dessus pour l'activer)

- Désormais, lorsque vous ferez défiler les lignes (ou les colonnes) de l'une des fenêtres, les lignes (ou les colonnes) de la seconde fenêtre défileront de façon synchronisée

 *Si Excel affiche les deux fenêtres l'une sous l'autre et que vous les préférez présentées côte à côte, utilisez le bouton **Réorganiser tout** pour demander un affichage vertical*

Les règles de validation des données

*Pour effectuer les manipulations qui suivent, vous pouvez utiliser la feuille **Calendrier Equipes** du classeur* Listes Diverses VotrePrénom.

Lorsque l'on utilise les listes, toute erreur de saisie peut s'avérer lourde de conséquences lors des tris, des filtres ou de la création d'un tableau croisé dynamique. Excel met à votre disposition un outil, la *Validation de données*, qui peut vous permettre de guider, voire d'imposer le type de saisie accepté par les cellules.

Créer une règle de validation des données

Dans notre exemple, nous voulons qu'un nombre soit impérativement saisi dans les colonnes des heures du calendrier, et plus spécifiquement un nombre entre 0 et 24, avec décimales possibles. Nous allons donc créer une règle de validation de données :

 *Pour sélectionner en même temps plusieurs plages de cellules discontinues, pensez à utiliser la touche **Ctrl** du clavier*

- Sélectionnez les cellules contenant les nombres d'heures, à savoir **C4:C25, F4:F25** et **I4:I25**
- Dans l'onglet *Données*, groupe *Outils de données*, cliquez sur le bouton *Validation de données*
- Dans l'onglet *Options*, déroulez la zone *Autoriser :* et sélectionnez *Décimal* dans la liste
- Dans la zone *Minimum*, saisissez le chiffre **0**
- Dans la zone *Maximum*, saisissez le chiffre **24**

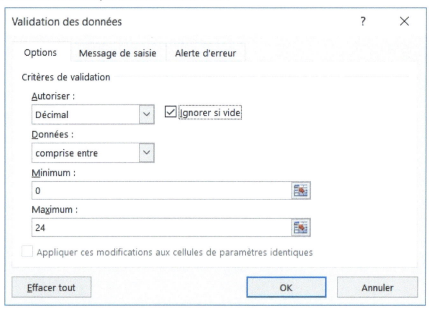

- Validez par OK.

C'est fait, même si rien ne se passe à priori, les cellules ne devraient plus qu'un nombre compris entre 0 et 24. Faisons le test :
- Cliquez sur une des cellules de saisie des heures et saisissez **28** par exemple. Lorsque vous tentez de valider, une boite de dialogue s'affiche, indiquant que la saisie n'est pas autorisée.

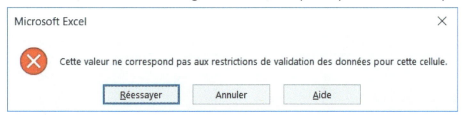

- Saisissez maintenant **Abs** et valider : même message d'erreur.
- Saisissez **8,5** : Excel accepte la saisie puisqu'elle respecte la règle que vous avez créée.

Tout fonctionne donc bien mais le message en cas de saisie erronée, il est vrai, n'est pas très clair pour un utilisateur. Nous allons donc le rendre plus compréhensible.

Personnaliser le message en cas d'erreur de saisie
- Sélectionnez à nouveau toutes les cellules contenant les heures
- Dans l'onglet *Données*, groupe *Outils de données*, cliquez sur le bouton *Validation de données*
- Dans la boite de dialogue qui s'affiche, activez le troisième onglet *Alerte d'erreur*
- Dans la zone *Titre*, saisissez le texte **Attention**
- Dans la zone *Message d'erreur*, saisissez le texte **Vous devez saisir un nombre d'heures entre 0 et 24**

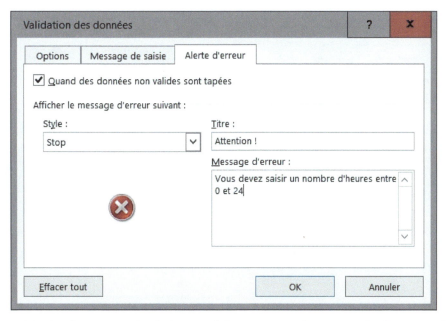

- Validez et tester à nouveau la règle en saisissant une valeur erronée dans une des cellules. Le message d'alerte personnalisé affiché par Excel est tout à fait compréhensible.

Modifier le style d'alerte

Par défaut, l'alerte d'erreur proposée est **Stop**, à savoir qu'aucune saisie autre que celle prévue n'est autorisée par Excel.

Vous pouvez cependant choisir d'assouplir votre règle : au lieu d'une interdiction totale, vous pouvez prévoir un simple message d'avertissement qui pourra être ignoré, autorisant ainsi une saisie non prévue par la règle :

- Sélectionnez à nouveau toutes les cellules contenant les heures
- Dans l'onglet *Données*, groupe *Outils de données*, cliquez sur le bouton *Validation de données*
- Dans la boite de dialogue qui s'affiche, activez le troisième onglet *Alerte d'erreur*
- Déroulez la zone *Style* et choisissez *Avertissement* à la place d'*Arrêt*

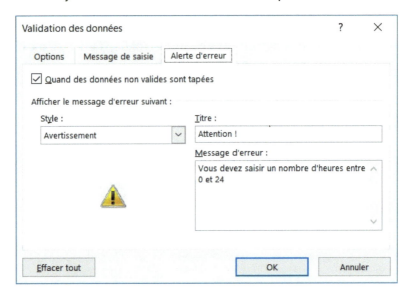

- Testez message en saisissant à nouveau une donnée erronée dans une cellule. Le message personnalisé s'affiche bien. Vous pouvez cependant valider votre saisie en cliquant sur **Oui**.

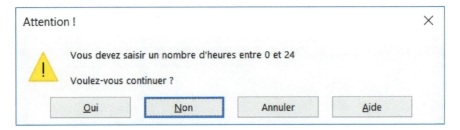

Exercice Validation de données (corrigés à la fin de l'ouvrage)

Dans la feuille *Calendrier Equipes* du *classeur* **Listes Diverses VotrePrénom**, créez une règle de validation pour imposer dans les colonnes A, D et G la saisie d'une date de l'année en cours

Prévoyez un message d'erreur personnalisé « **Merci de saisir une date valide** ».

Créer une règle de validation avec liste de mots précis

La validation de donnée prend toute son ampleur lorsque l'on choisit d'appliquer une règle imposant une liste de mots précis. Pour notre tableau, nous voulons limiter la saisie dans les colonnes indiquant les équipes aux mots **Equipe A**, **Equipe B** ou **Equipe C**.

- Sélectionnez les cellules B4:B25, E4:E25 et H4:E25
- Dans l'onglet *Données*, groupe *Outils de données*, cliquez sur le bouton *Validation de données*
- Dans l'onglet *Options*, déroulez la liste *Autoriser* et sélectionnez *Liste*
- Dans la zone *Source*, saisissez les saisies autorisées séparées par des points-virgules : **Equipe A;Equipe B;Equipe C**
- Validez

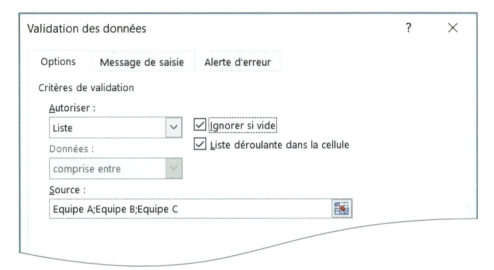

Pour tester votre règle, cliquez sur une des cellules : une liste déroulante vous est proposée pour vous aider à effectuer votre saisie.

Enregistrez votre classeur **Listes diverses VotrePrénom.**

Exercice Validation de données (corrigés à la fin de l'ouvrage)

Dans la feuille **Salariés** du classeur **Listes diverses VotrePrénom**, créez une règle de validation pour :
- imposer la saisie de nombres entiers supérieurs à 0 dans la colonne des **Salaires**
- dans la colonne **Genre**, imposer la saisie avec liste déroulante de F pour Femmes et H pour Hommes
- pour chaque règle, personnaliser les alertes d'erreur pour indiquer clairement la saisie attendue dans les cellules
- pour la règle sur les salaires, prévoir un style de message **Information** au lieu d'**Arrêt**

Enregistrez votre classeur **Listes diverses VotrePrénom**

Créer une règle de validation avec liste de mots variable

Nous savons maintenant comment imposer ou encourager une saisie précise dans une cellule. Mais que se passe-t-il si la source de la liste est plus longue ou varie régulièrement ?

Dans la liste **Salariés** par exemple, nous avons plusieurs **services**, dont la liste peut se modifier de temps à autre. Il en va de même pour la liste des **catégories** de salariés.

Nous allons donc créer une liste source de la façon suivante :
- Insérez une nouvelle feuille après la feuille **Salariés** et renommez-la **Sources validation**
- Saisissez la liste des différents services dans la colonne A :

Nous allons maintenant utiliser cette liste pour notre règle de validation :
- Revenez à la feuille **Salariés** et sélectionnez les cellules de la colonne **F** contenant les services.
- Dans l'onglet *Données*, cliquez sur le bouton *Validation de données*
- Dans l'onglet *Options*, déroulez la liste *Autoriser* et sélectionnez *Liste*
- Cliquez dans la zone *Source* pour y positionner votre curseur
- Sélectionnez les cellules de la feuille **Sources validations** contenant les services
- Validez

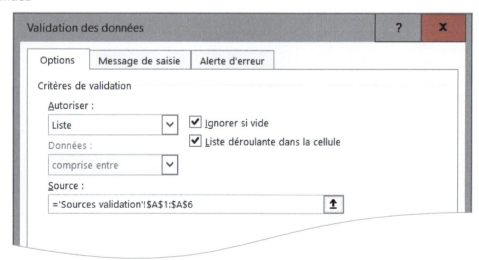

Il s'agit encore de vérifier que tout a bien fonctionné : dans la feuille **Salariés**, cliquez sur une des cellules de la colonne des services pour vérifier qu'une liste déroulante propose bien les différents services listés dans la feuille **Sources validations**.

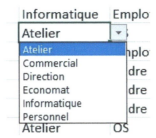

Et que faire si un nouveau service fait son apparition ? Rien de plus simple : activez la feuille **Sources validation** et insérez une ligne entre **Commercial** et **Direction** pour ajouter par exemple le nouveau service **Courrier.**

Lorsque vous retournerez dans la feuille **Salariés**, vous verrez que la liste proposée par la validation de données s'est automatiquement mise à jour.

 *Votre nom ayant été créé avec une plage arrêtée à la cellule **A6**, attention à ne pas ajouter le nouveau service en-dessous des services existants, mais bien à insérer une ligne ou une cellule pour que le nom s'adapte à la nouvelle plage. Vous pourrez bien sûr trier la liste si besoin était.*

Exercice Validation de données (corrigés à la fin de l'ouvrage)

Dans la feuille **Salariés** du classeur Listes diverses VotrePrénom , créez une règle de validation pour la colonne **Catégorie** utilisant comme source la liste des catégories ci-contre, à saisir en colonne **C** de la feuille **Sources validation** créée précédemment.

La mise en forme conditionnelle

*Pour effectuer les manipulations qui suivent, vous pouvez utiliser la feuille **Salariés** du classeur* Listes diverses VotrePrénom .

A quoi sert une mise en forme conditionnelle ?

La mise en forme conditionnelle est une mise en forme qui s'applique automatiquement aux cellules répondant à certaines conditions.
Elle permet d'attirer l'attention sur des valeurs exceptionnelles, ainsi que sur des cellules ou des plages de cellules qui suscitent un intérêt particulier. En appliquant une mise en forme conditionnelle à vos données, vous pouvez d'un simple coup d'œil identifier rapidement les cellules qui vous intéressent.

Ainsi, dans notre liste **Salariés**, nous pouvons vouloir mettre une couleur automatique sur les cellules contenant un salaire supérieur à 35 000 €.

Appliquer une mise en forme conditionnelle

Mise en surbrillance des cellules

- Dans la feuille **Salariés,** sélectionnez les cellules à mettre en forme, à savoir **H3:H45**
- Dans l'onglet *Accueil*, groupe *Styles*, cliquez sur le bouton *Mise en forme conditionnelle* puis sur *Règles de mise en surbrillance des cellules* et enfin sur *Supérieur à*

- Saisissez **35000** dans la zone de gauche
- Déroulez la zone de droite et sélectionnez la mise en forme à appliquer, par exemple *Remplissage vert avec texte vert foncé*

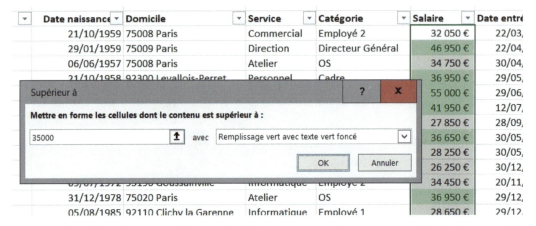

- Validez, c'est fait : la mise en forme choisie est automatiquement appliquée à toutes les valeurs supérieures à 35000 dans les cellules sélectionnées.

  Si vous modifiez l'un des chiffres inférieurs à 35000 et l'augmentez par exemple à 37000, il passera automatiquement au vert à son tour.

Autre cas de figure, nous souhaitons mettre un fond orange à toutes les cellules contenant le mot **Cadre** :

- Sélectionnez les cellules **G3:G45**
- Dans l'onglet *Accueil*, groupe *Styles*, cliquez sur le bouton *Mise en forme conditionnelle* puis sur *Règles de mise en surbrillance des cellules* et enfin sur *Egal à* (ou sur *Texte qui contient*)
- Saisissez **Cadre** dans la zone de gauche
- Déroulez la zone de droite et sélectionnez *Format personnalisé*
- Dans la boite de dialogue qui s'affiche, activez l'onglet *Remplissage* et choisissez la couleur orange

Mise en forme des valeurs extrêmes

Choisissons maintenant la mise en forme conditionnelle « *10 valeurs les plus élevées*... ». Ici, la mise en forme sera appliquée sur les 10 primes les plus élevées de la colonne **J**.

- Sélectionnez les cellules à mettre en forme, à savoir **J3:J45**

- Dans l'onglet *Accueil*, groupe *Styles*, cliquez sur le bouton *Mise en forme conditionnelle*
- Sélectionnez *Règles des valeurs de plage haute/basse* puis *10 valeurs les plus élevées*

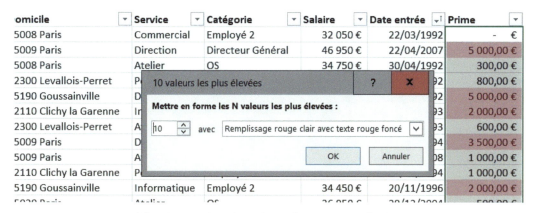

A noter que vous pouvez modifier le nombre de valeurs à mettre en évidence ainsi que la mise en forme correspondante en choisissant un autre format que celui proposé par défaut.

Supprimer une mise en forme conditionnelle

Pour supprimer une mise en forme conditionnelle, suivez la procédure suivante :
- Sélectionner les cellules concernées, par exemple **H2:H24**
- Dans l'onglet *Accueil*, groupe *Styles*, cliquer sur *Mise en forme conditionnelle*
- Cliquez sur *Effacer les règles* puis sur *Effacer les règles des cellules sélectionnées* (ou sur *Effacer les règles de la feuille entière* si besoin est)

Quelques exemples de mise en forme conditionnelle

Nous allons vous présenter un échantillon représentatif de mises en forme conditionnelles ; pour éviter les surcharges d'effets, n'hésitez pas à supprimer les mises en forme précédentes avant de tester un nouvel exemple.

Les barres de couleurs

- Sélectionnez les cellules **H3 à H45** et effacez les précédentes mises en forme appliquées
- Dans l'onglet *Accueil*, cliquez sur le bouton *Mise en forme conditionnelle*
- Cliquez sur *Barre de données* et sélectionnez la couleur de remplissage de votre choix

Service		Catégorie		Salaire		Date entrée
Commercial		Employé 2		32 050 €		22/03/1!
Direction		Directeur Général		46 950 €		22/04/2(
Atelier		OS		34 750 €		30/04/1!
Personnel		Cadre		36 950 €		29/05/1!
Direction		Président		55 000 €		29/06/1!
Informatique		Cadre		41 950 €		12/07/1!
Atelier		OS		27 850 €		28/09/1!

Les jeux d'icônes

- Sélectionnez les cellules **H3 à H45** et effacez les précédentes mises en forme appliquées
- Dans l'onglet *Accueil*, cliquez sur le bouton *Mise en forme conditionnelle*

- Cliquez sur *Jeux d'icônes* et sélectionnez le premier jeu de flèches tricolores

Très joli mais à quoi correspondent ces flèches ? Pour le savoir suivez la procédure suivante :
- Maintenez sélectionnées les données auxquelles vous avez appliqué la mise en forme conditionnelle
- Cliquez sur *Mise en forme conditionnelle*, puis sur *Gérer les règles*
- Si nécessaire, sélectionnez dans la liste la règle à modifier puis cliquez sur *Modifier la règle*
- La fenêtre ci-dessous s'affiche à l'écran

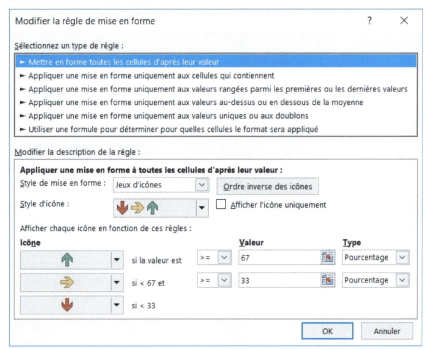

Cette fenêtre illustre les choix par défaut d'Excel. En premier lieu, vous pouvez constater que vos données ont été séparées en 3 tiers (car nous avons choisi un jeu d'icônes à 3 flèches) :

-   les 33% les moins élevés sont signalés d'une flèche rouge
-   le 2ème tiers entre 33 et 66% est signalé par une flèche orange
-   le dernier de 67 % à 100 % est signalé par une flèche verte

Bien entendu, vous pouvez modifier ces valeurs par défaut. En ce qui nous concerne, nous souhaitons **inverser les couleurs des icônes** (les chiffres les plus bas doivent être marqués en vert et les plus élevés en rouge) :

-   Cliquez sur le bouton *Ordre inverse des icônes*

Nombres au-dessus/en-dessous de la moyenne

-   Sélectionnez les cellules **H3:H45**
-   Cliquez sur *Mise en forme conditionnelle* puis sur *Règles des valeurs plus/moins élevées*
-   Cliquez sur *Valeurs supérieures à la moyenne*
-   Si nécessaire, changez la mise en forme proposée et validez

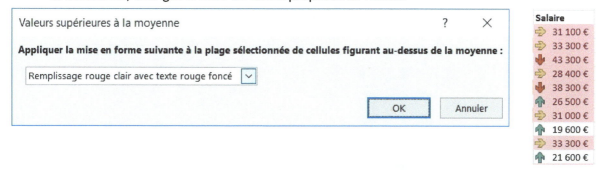

Le signalement des doublons

Vous pouvez également utiliser la mise en forme conditionnelle pour repérer rapidement et facilement les valeurs en double dans une colonne :

-   Sélectionnez les cellules de la colonne **B**
-   Cliquez sur *Mise en forme conditionnelle* puis sur *Mise en surbrillance des cellules*
-   Dans la liste qui s'affiche, sélectionnez *Valeurs en double*
-   Si besoin, sélectionnez la mise en forme de votre choix (fond rouge par défaut)

Tous les doublons de la colonne sont automatiquement signalés par la mise en forme choisie.

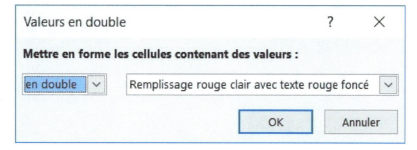

Exercices Mise en forme conditionnelle (corrigés à la fin de l'ouvrage)

Dans la feuille **Conso Eau froide** du classeur **Listes diverses VotrePrénom**, effectuez les mises en forme automatiques suivantes :

- **Consommation 2018** : appliquer une barre de données dégradée bleue aux cellules
- **Colonnes des Variations** :
    - tous les nombres négatifs sont formatés en police gras, bleue et italique
    - tous les nombres au-dessus de 2% sont formatés en police gras, rouge et italique
- **Conso moyenne / personne** : appliquer une couleur de remplissage rouge clair aux nombres supérieurs à la moyenne des nombres de la colonne
- **Colonnes des consommations 2015, 2016 et 2017** : des indicateurs ✅ 🟡 ❌ sont affichés selon le contenu des cellules (régler les icônes de façon à ce que la coche verte s'affiche bien pour les nombres les plus bas et non l'inverse)

Vous devez obtenir le résultat suivant :

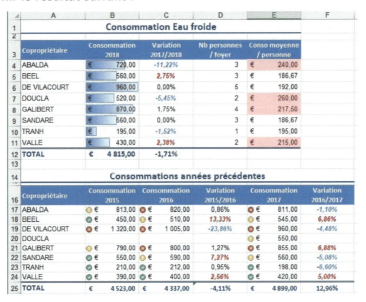

Enregistrez votre fichier **Listes diverses VotrePrénom**.

A CE POINT DU MANUEL, REALISER DES EXERCICES DE MISE EN APPLICATION POUR VALIDER LES CONNAISSANCES ACQUISES 17

 Les sous-totaux automatiques

*Pour effectuer les manipulations qui suivent, vous pouvez utiliser la feuille **Liste musique** du classeur* **Listes diverses VotrePrénom**.

Tout comme les tableaux croisés dynamiques, la fonction *Sous-total* d'Excel permet d'effectuer des synthèses calculées sur une liste de données. Dans notre exemple, nous avons ajouté à la liste des lignes de sous-totaux automatiques calculant la somme des commissions versées pour chaque commercial.

A noter que dans la mesure où nous voulons un sous-total par commercial, nous avons préalablement trié la liste par la colonne **Commerciaux**.

 *Il sera systématiquement nécessaire de trier la liste avant d'utiliser la commande des sous-totaux. Si vous n'êtes pas familier avec les tris, reportez-vous au chapitre intitulé « **Trier les données** »*

Comment appliquer un sous-total

- Effectuez un tri croissant sur la colonne **Commercial**
- Cliquez sur une cellule de la liste de données (ou sélectionnez la liste) et dans l'onglet *Données*, groupe *Plan*, cliquez sur le bouton *Sous-total*.
- La boite de dialogue *Sous-total* apparaît :

- Zone *À chaque changement de* : choisissez le champ selon lequel les données seront regroupées pour être totalisées. Le champ doit impérativement être le même que celui utilisé pour le tri effectué précédemment (pour notre exemple, nous sélectionnons donc **Commercial**).
- Zone *Utiliser la fonction* : sélectionnez la fonction souhaitée. Pour notre exemple, les valeurs seront additionnées, choisissez donc *Somme*.

- Zone *Ajouter un sous-total à* : choisissez le champ auquel sera appliquée la fonction sélectionnée précédemment (pour notre exemple, ce sont les **Commissions** qui seront additionnées.
- Validez

Visualiser des sous-totaux

À leur création, les sous-totaux apparaissent avec :
- toutes les lignes détails de la liste (par défaut, aucune ligne de la liste n'est masquée)
- pour chaque commercial, une ligne de **sous-total** des commissions versées
- un **total général** en bas de la liste
- un **plan automatique** en marge gauche des lignes

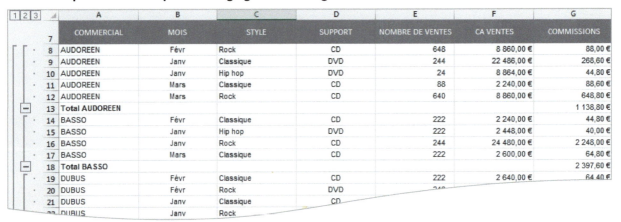

Utiliser le Plan des sous-totaux

Excel ajoute un *plan* sur la gauche de la liste afin de visualiser plus ou moins de détails sur les statistiques présentées.

Les boutons ☐ + ☐ et ☐ - ☐ en regard de chaque sous-total permettent de développer ou réduire le niveau de sous-total concerné pour afficher ou masquer les lignes de détail.

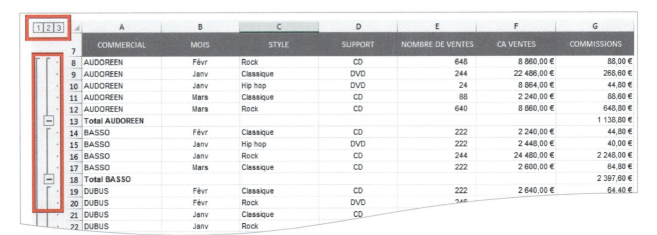

Pour plus de rapidité, vous pouvez également utiliser les boutons ☐1☐2☐3☐ au-dessus du plan :
- cliquez sur le bouton **1** pour ne visualiser que le **total général** en bas de la liste

- cliquez sur le bouton **2** pour ne visualiser que les **sous-totaux** et le **total général**

- cliquez sur le bouton **3** pour visualiser les **lignes détails**, les **sous-totaux** et le **total général**

Supprimer un sous total

Les sous-totaux sont une information ponctuelle que vous devez supprimer après utilisation pour ne pas risquer de voir leurs lignes s'intégrer à celles de la liste de façon définitive.

- Cliquez sur une cellule de la liste

- Dans l'onglet *Données*, groupe *Plan*, cliquez sur *Sous-total*

- Cliquez sur le bouton *Supprimer tout* en bas de la fenêtre (votre liste retrouve sa forme initiale, le mode plan a disparu)

Pour supprimer rapidement les sous-totaux, vous pouvez tout simplement effectuer un nouveau tri sur une des colonnes de la liste. Excel affichera un message d'alerte indiquant que les sous-totaux doivent être supprimés avant de pouvoir effectuer le tri.

 Les fonctions de base de données

*Pour effectuer les manipulations qui suivent, vous pouvez utiliser la feuille **Liste musique** du classeur* **Listes diverses VotrePrénom**.

Les fonctions de base de données permettent elles aussi (oui, encore !) d'obtenir des synthèses calculées sur les données d'une liste. Contrairement aux sous-totaux cependant, les fonctions BD (fonctions base de données) sont prévues pour ne tenir compte que des lignes répondant à un critère précis.

Sur le même principe que celui des *Filtres avancés*, vous devez donc, avant de créer la fonction, définir la *zone de critères*. Nous voulons par exemple connaître rapidement le CA du commercial Basso, nous allons donc prévoir la zone de critères suivante :

- En cellule **J1**, saisissez le nom du champ, à savoir **Commercial**

- En dessous, en cellule **J2**, saisissez le nom d'un commercial, à savoir **Basso**

- En cellule en **K1**, saisissez **C.A** (libellé facultatif ajouté par simple souci de clarté).

J	K
Commercial	**CA**
Basso	

Nous pouvons maintenant insérer notre fonction :

- Sélectionnez la cellule **K2** et cliquez sur le bouton *fx* à gauche de la barre de formule pour lancer l'assistant fonction

- Sélectionnez la catégorie *Base de données* puis choisissez la fonction *BDSOMME* dans la liste

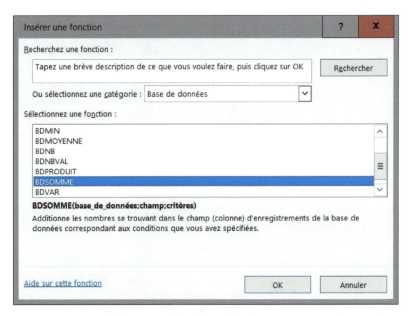

- Validez par *OK* pour passer à la seconde étape de l'assistant et indiquer les arguments :
- Dans la zone ***Base de données***, sélectionnez les cellules contenant la liste de données
- Dans la zone ***Champ***, cliquez sur la cellule de la liste qui contient le nom du champ sur lequel le calcul doit s'effectuer, à savoir **F5** pour **CA Ventes** (vous pouvez également saisir directement le nom du champ).
- Dans la zone ***Zone de critères***, sélectionnez les cellules de la zone de critères précédemment créée, à savoir I1 à I2.
- Validez par *OK*.

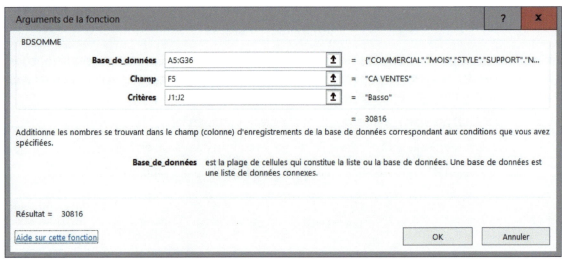

- Vous devez obtenir le résultat suivant :

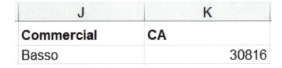

Commercial	CA
Basso	30816

- Effacez maintenant **Basso** pour le remplacer par **Malek** : le CA se met à jour instantanément :

J	K
Commercial	**CA**
Malek	113324

Les principales fonctions de base de données

Vous trouvez les fonctions de base de données dans la catégorie *Base de données* de l'assistant fonction. Les fonctions les plus souvent utilisées sont :

BDSOMME :   **Additionne les nombres** se trouvant dans le champ spécifié de la liste de données pour les enregistrements qui vérifient le critère indiqué.

BDMOYENNE : **Calcule la moyenne** des nombres se trouvant dans le champ spécifié de la liste de données pour les enregistrements qui vérifient le critère indiqué.

BDMIN :   **Détermine la valeur la plus petite** des nombres se trouvant dans le champ spécifié de la liste de données pour les enregistrements qui vérifient le critère indiqué.

BDMAX :   **Détermine la valeur la plus grande** des nombres se trouvant dans le champ spécifié de la liste de données pour les enregistrements qui vérifient le critère indiqué.

BDNBVAL : **Détermine le nombre de cellules non vide** dans le champ spécifié de la liste de données pour les enregistrements qui vérifient le critère indiqué.

BDNB :   **Détermine le nombre de cellules contenant une valeur numérique** dans le champ spécifié de la liste de données pour les enregistrements qui vérifient le critère indiqué.

Enregistrez et refermez votre classeur **Listes diverses VotrePrénom**.

 La consolidation de tableaux

La consolidation consiste à rassembler des chiffres issus de différentes feuilles de calcul, idéalement présentées de manière identique. Cette fonction d'Excel permet d'obtenir une vue d'ensemble, de calculer mais surtout de synthétiser vos différents tableaux.

Réaliser une consolidation simple

Pour effectuer les manipulations qui suivent, ouvrez le classeur **Approvisionnement fruits** *mis à votre disposition sur le réseau et enregistrez-le dans votre dossier sous le nom* **Approvisionnement fruits VotrePrénom**.

Pour pouvoir consolider des tableaux, il est nécessaire que les tableaux source aient des structures semblables, mais leurs tailles (nombre de colonne et de lignes) peuvent être différentes. Le tableau récapitulatif de consolidation reprendra la même structure.

Prenez un instant pour observer les tableaux des feuilles Juillet, Août et Septembre : ils rassemblent les commandes de fruits par pays pouvant différer selon le mois, mais les trois tableaux sont de structure identique.

- Les pays sont en ligne
- Les fruits sont en colonne

Nous allons à présent procéder à la consolidation des trois tableaux en feuille Trimestre 3 :

- Activez la feuille **Trimestre 3** et cliquez sur une cellule vide en dessous du titre, par exemple la cellule **A4**
- Dans l'onglet *Données*, groupe *Outils de données*, cliquez sur *Consolider*.

- La boite de dialogue *Consolider* s'affiche à l'écran.

  La fonction *Somme* est automatiquement proposée, ce qui nous convient (vous pourriez bien sûr choisir une autre fonction de synthèse telle que *Nombre* ou *Moyenne*)
- Nous allons maintenant sélectionner tour à tour chaque tableau à consolider :
  - Cliquez pour positionner le curseur dans la zone *Référence* puis cliquez sur l'onglet de la feuille **Juillet** et sélectionnez les cellules du 1er tableau à consolider (cellules **A3:D7**)
  - Cliquez sur le bouton *Ajouter*
  - Revenez dans la zone *Référence* puis cliquez sur l'onglet de la feuille **Août** et sélectionnez les cellules du 2è tableau (cellules **A6:E11**)
  - Cliquez sur le bouton *Ajouter*
  - Recommencez la même opération pour la feuille **Sept** contenant le 3è tableau à consolider (cellules **A3:D7**)
  - Nous devons maintenant indiquer à Excel que la 1ère ligne et la 1ère colonne de nos tableaux contiennent les titres des données : cochez pas les options *Ligne du haut* et *Colonne de gauche*.
  - Validez par *OK*.

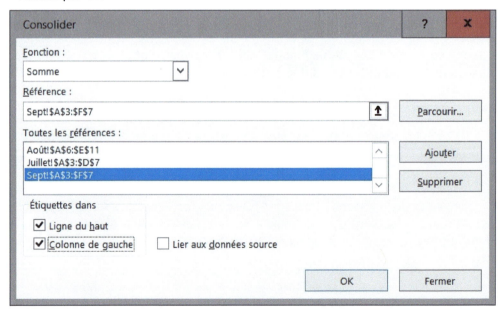

Excel regroupe et additionne les valeurs de chaque tableau en créant autant de lignes et de colonnes que nécessaire en fonction des différents titres trouvés dans les tableaux consolidés :

	A	B	C	D	E	F	G	H
1								
2	**APPROVISIONNEMENT FRUITS TRIMESTRE 3**							
3								
4		Kiwis	Poires	Bananes	Fraises	Pommes	Figues vertes	Figues noires
5	Espagne	950	200	120	1600	100	200	500
6	Portugal	50	300		800	600		
7	Tunisie	200		830	40	70		
8	France	470	450		450	2000	600	850
9	Grèce	350	30		300	30		
10	Italie	142		50	650	260	1400	1200

A noter que le résultat de notre consolidation n'est pas dynamique et ne s'ajustera pas aux modifications éventuelles apportées aux chiffres des tableaux sources (voir ci-après).

Réaliser une consolidation avec liens

Pour que le tableau de consolidation soit en lien avec les tableaux sources, c'est à dire que les modifications que l'on apportera aux tableaux individuels soient prises en compte dans le tableau de consolidation et que celui-ci se mette à jour automatiquement, il faut **lier** le tableau de consolidation aux données sources.

- Insérez une nouvelle feuille vierge et saisissez **Approvisionnement fruits trimestre 3** en titre du tableau de consolidation
- Cliquez sur la cellule A3 et réalisez à nouveau la procédure de consolidation telle qu'effectuée précédemment, cette fois **en cochant également l'option** *Lier aux données source* située en bas de la fenêtre de *Consolider*.
- Validez par *OK*.

		A	B	C	D	E	F	G	H	I
	1			Kiwis	Poires	Bananes	Fraises	Pommes	Figues vertes	Figues noires
+	5	Espagne		950	200	120	1600	100	200	500
+	7	Portugal		50	300		800	600		
+	11	Tunisie		200		830	40	70		
+	15	France		470	450		450	2000	600	850
+	17	Grèce		350	30		300	30		
+	20	Italie		142		50	650	260	1400	1200

A noter qu'en réalisant une consolidation en lien avec les tableaux sources, Excel a recopié les détails des sommes en les masquant à l'aide d'un *plan automatique*. Pour faire apparaître les détails, utilisez les symboles du plan :

- le symbole 1 permet de masquer les détails de la consolidation
- le symbole 2 fait apparaître les détails de la consolidation
- dans la marge gauche du tableau, le symbole + vous permet d'afficher les détails pour une ligne particulière, et non pas pour tout le tableau
- à l'inverse, le symbole - vous permet de masquer les détails pour une ligne

Enregistrez et refermez votre classeur **Approvisionnement fruits VotrePrénom**

Corrections exercices

EXERCICES TRIS

Tri 1 - Triez la liste **Catalogue Jouets** par ordre de **Réf Jouet**

- Cliquer sur une cellule de la colonne **Réf Jouet**

- Dans l'onglet *Données*, groupe *Trier et filtrer*, cliquer sur le bouton

Tri 2 - Triez la liste **Catalogue Jouets** par ordre de **Date sortie**, de la plus récente à la plus ancienne

- Cliquer sur une cellule de la colonne **Date sortie**

- Dans l'onglet *Données*, groupe *Trier et filtrer*, cliquer sur le bouton

Tri 3 - Inversez le tri pour obtenir les jouets par ordre de **Date sortie** de la plus ancienne à la plus récente

- Cliquer sur une cellule de la colonne **Date sortie**

- Dans l'onglet *Données*, groupe *Trier et filtrer*, cliquer sur le bouton

Tri 4 - Trier par **Vendeur** puis par **Total HT** en ordre décroissant

- Cliquer sur une cellule de la liste

- Dans l'onglet *Données*, groupe *Trier et filtrer*, cliquer sur le bouton *Trier*
- Compléter la fenêtre comme ci-dessous (bouton *Ajouter un niveau* pour obtenir la seconde ligne)

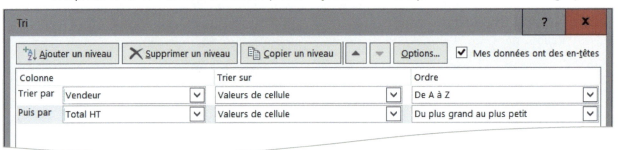

Tri 5 - Trier par **Jouet** puis par **Date Commande** de la plus ancienne à la plus récente

- Cliquer sur une cellule de la liste

- Dans l'onglet *Données*, groupe *Trier et filtrer*, cliquer sur le bouton *Trier*
- Compléter la fenêtre comme ci-dessous (bouton *Ajouter un niveau* pour obtenir la seconde ligne)

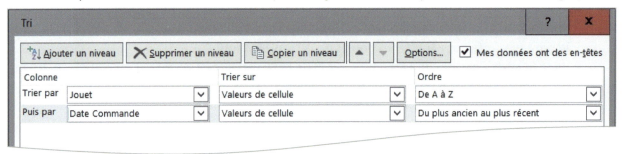

EXERCICES FILTRES

Filtre 1 - Affichez les femmes habitant Paris ; triez les lignes par ordre alphabétique de Nom (12 lignes)

- Activer la feuille **Liste clients Jouets** du classeur **Ventes Jouets VotrePrénom**
- Mettre en place le filtre : cliquer sur une cellule de la liste et dans l'onglet *Données*, groupe *Trier et filtrer*, activer le bouton *Filtrer* ▽
- Dérouler le filtre de la colonne **Genre** et décocher **H**
- Dérouler le filtre de la colonne **Ville**, décocher **Sélectionner tout** puis recocher **Paris**
- Valider, le filtre est appliqué
- Pour trier la liste, cliquer sur une cellule de la colonne **Nom**
- Dans l'onglet *Données*, groupe *Trier et filtrer*, cliquer sur le bouton ᴬ↓ (ou dérouler le filtre de la colonne **Nom** et cliquer sur ᴬ↓ Trier de A à Z)

Filtre 2 - Affichez les clients dont le nom contient les lettres TO + triez les lignes par ordre de n° client (3 lignes)

- Désactiver le résultat du précédent filtre : dérouler le filtre de la colonne **Genre** et cliquer sur **Effacer le filtre de...** + dérouler le filtre de la colonne **Ville** et cliquer sur **Effacer le filtre de...**
- Dérouler le filtre de la colonne **Nom** et saisir **TO** dans la zone **Rechercher**
- Valider, le filtre est appliqué
- Pour trier la liste, cliquer sur une cellule de la colonne **N° client**
- Dans l'onglet *Données*, groupe *Trier et filtrer*, cliquer sur le bouton ᴬ↓ (ou dérouler le filtre de la colonne **N° Client** et cliquer sur ᴬ↓ Trier de A à Z)

Filtre 3 - Affichez les hommes ayant au moins trois enfants et habitant à Paris ou à Levallois + triez les lignes par date de naissance, du plus vieux au plus jeune (4 lignes).

- Désactiver le résultat du précédent filtre : dérouler le filtre de la colonne **Nom** et cliquer sur **Effacer le filtre de...**
- Dérouler le filtre de la colonne **Genre** et décocher **F**
- Dérouler le filtre de la colonne **Ville**, décocher **Sélectionner tout** puis recocher **Paris** et **Levallois**
- Dérouler le filtre de la colonne **Nb enfants**, cliquer sur **Filtre numérique** puis sur **Supérieur ou égal à** ; saisir **3** dans la fenêtre qui s'affiche et valider

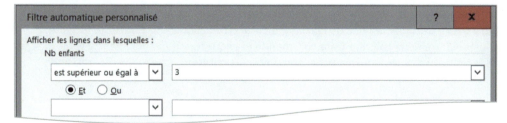

- Valider, le filtre est appliqué
- Pour trier la liste, cliquer sur une cellule de la colonne **Date naissance**
- Dans l'onglet *Données*, groupe *Trier et filtrer*, cliquer sur le bouton ᴬ↓ (ou dérouler le filtre de la colonne **Date naissance** et cliquer sur ᴬ↓ Trier de A à Z)

<u>**Filtre 4 -**</u> Afficher les clients n'ayant pas d'enfants + triez les lignes par ordre alphabétique de nom (7 lignes)

- Désactiver le résultat du précédent filtre : dérouler le filtre de la colonne **Genre** et cliquer sur **Effacer le filtre de…** + dérouler le filtre de la colonne **Ville** et cliquer sur **Effacer le filtre de…** + dérouler le filtre de la colonne **Nb enfants** et cliquer sur **Effacer le filtre de…** +
- Dérouler le filtre de la colonne **Nb enfants,** décocher **Sélectionner tout** puis recocher ☑ (Vides) en bas de la liste
- Valider, le filtre est appliqué
- Pour trier la liste, cliquer sur une cellule de la colonne **Nom**
- Dans l'onglet ***Données***, groupe ***Trier et filtrer***, cliquer sur le bouton $\begin{smallmatrix}A\\Z\end{smallmatrix}\downarrow$ (ou dérouler le filtre de la colonne **Nom** et cliquer sur $\begin{smallmatrix}A\\Z\end{smallmatrix}\downarrow$ Trier de A à Z)

<u>**Filtre 5 -**</u> Afficher les lignes des vendeurs **Kamel** et **Caroline** dont le **Total HT** est d'au moins **2 000 €** ; triez la liste par ordre décroissant sur la colonne **Total HT**.

- Activer la feuille **Liste Commande Clients** du classeur **Ventes Jouets VotrePrénom**
- Mettre en place le filtre : cliquer sur une cellule de la liste et dans l'onglet ***Données***, groupe ***Trier et filtrer***, activer le bouton ***Filtrer*** ▼
- Dérouler le filtre de la colonne **Vendeur** et sélectionner les vendeurs **Kamel** et **Caroline**
- Dérouler le filtre de la colonne **Total HT** et cliquer sur ***Filtres numériques***, puis sur ***Supérieur ou égal à***
- Saisir **2000** dans la première zone

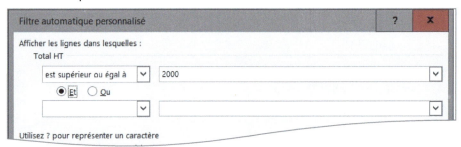

- Valider, le filtre est appliqué
- Pour trier la liste, cliquer sur une cellule de la colonne **Total HT**
- Dans l'onglet ***Données***, groupe ***Trier et filtrer***, cliquer sur le bouton $\begin{smallmatrix}Z\\A\end{smallmatrix}\downarrow$ (ou dérouler le filtre de la colonne **Total HT** et cliquer sur $\begin{smallmatrix}Z\\A\end{smallmatrix}\downarrow$ Trier du plus grand au plus petit)

<u>**Filtre 6 -**</u>Affichez les commandes passées entre le **1er** et le **15/08/2016** ; triez la liste par **Vendeur** puis par **Jouet**

- Désactiver le résultat du précédent filtre : dérouler le filtre de la colonne **Vendeur** et cliquer sur **Effacer le filtre de…** + dérouler le filtre de la colonne **Total HT** et cliquer sur **Effacer le filtre de…**
- Dérouler le filtre de la colonne **Date commande** et cliquer sur ***Filtres chronologiques*** puis sur ***Entre***
- Dans la boite de dialogue qui s'affiche, compléter les critères tel qu'indiqué ci-dessous

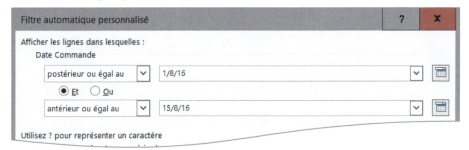

- Valider, le filtre est appliqué

- Pour trier la liste, dans l'onglet *Données*, groupe *Trier et filtrer*, cliquer sur le bouton *Trier*

- Compléter la fenêtre comme ci-dessous (bouton *Ajouter un niveau* pour obtenir la seconde ligne)

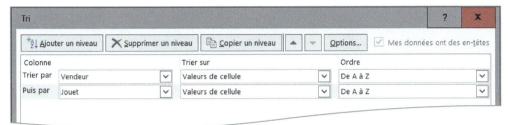

Filtre 7 -Affichez les lignes dont le **Total HT** se situe au-dessus de la moyenne ; triez la liste par ordre décroissant sur la colonne **Total HT**

- Désactiver le résultat du précédent filtre : dérouler le filtre de la colonne **Date commande** et cliquer sur **Effacer le filtre de…**
- Dérouler le filtre de la colonne **Total HT** et cliquer sur *Filtres numériques* puis sur *Au-dessus de la moyenne*
- Pour trier la liste, cliquer sur une cellule de la colonne **Total HT**

- Dans l'onglet *Données*, groupe *Trier et filtrer*, cliquer sur le bouton $\frac{Z}{A}\downarrow$ (ou dérouler le filtre de la colonne **Total HT** et cliquer sur $\frac{Z}{A}\downarrow$ Trier du plus grand au plus petit)

Filtre 8 -Affichez les 5 lignes aux quantités les plus élevées (sans utiliser les cases à cocher)

- Désactiver le résultat du précédent filtre : dérouler le filtre de la colonne **Total HT** et cliquer sur **Effacer le filtre de…**
- Dérouler le filtre de la colonne **Quantité** et cliquer sur *Filtres numériques* puis sur *10 premiers*
- Dans la boite de dialogue qui s'affiche, compléter les critères tel qu'indiqué ci-dessous

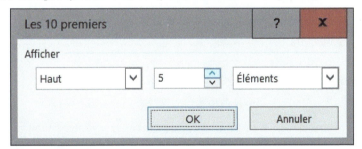

- Valider, le filtre est appliqué

Filtre 9 -Afficher les lignes de couleur orange

- Désactiver le résultat du précédent filtre : dérouler le filtre de la colonne **Quantité** et cliquer sur *Effacer le filtre de…*
- Dérouler le filtre de l'une des colonnes et cliquer sur *Filtrer par couleur*
- Cliquer sur la couleur orange

EXERCICES FILTRES AVANCES

Filtre avancé 1 - Afficher les enregistrements des commerciaux **Malek**, **Dubus** et **Basso** concernant la musique **Rock** pour un CA Ventes de **10 000 €** minimum, hors mois de Février.

- Créer la zone de critères suivante à côté de la liste (cellules J1 à M4 par exemple)

	J	K	L	M
	CA VENTES	**STYLE**	**COMMERCIAL**	**MOIS**
	>=10000	Rock	BASSO	<>février
	>=10000	Rock	DUBUS	<>février
	>=10000	Rock	MALEK	<>février

- Cliquer sur une cellule de la liste **Liste musique**

- Dans l'onglet *Données*, groupe *Trier et filtrer*, cliquer sur le bouton *Avancé*

- Compléter la fenêtre *Filtre avancé* comme suit :

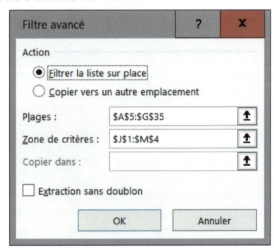

Filtre avancé 2 – Extraire sous la liste (à partir de la ligne 39) les enregistrements des commerciaux **Audoreen** et **Basso** pour un CA Ventes de moins de 3000, en ne copiant que les colonnes **Commercial, Mois, CA Ventes** et **Commissions.**

- Au besoin, supprimez en-dessous de la liste les lignes résultant de l'extraction précédente

- Créer la zone de critères suivante à côté de la liste (cellules J1 à K3 par exemple)

	J	K
	CA VENTES	**COMMERCIAL**
	<3000	AUDOREEN
	<3000	BASSO

- Préparer la zone d'extraction sous la liste à partir en cellules A39 à D39 :

39	COMMERCIAL	MOIS	CA VENTES	COMMISSIONS

- Cliquer sur une cellule de la liste **Liste musique**

- Dans l'onglet *Données*, groupe *Trier et filtrer*, cliquer sur le bouton *Avancé*

- Compléter la fenêtre *Filtre avancé* comme suit :

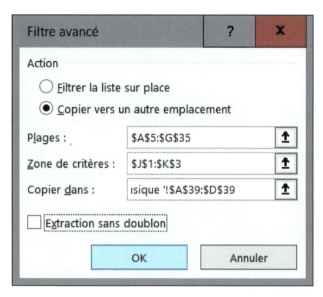

EXERCICES TCD

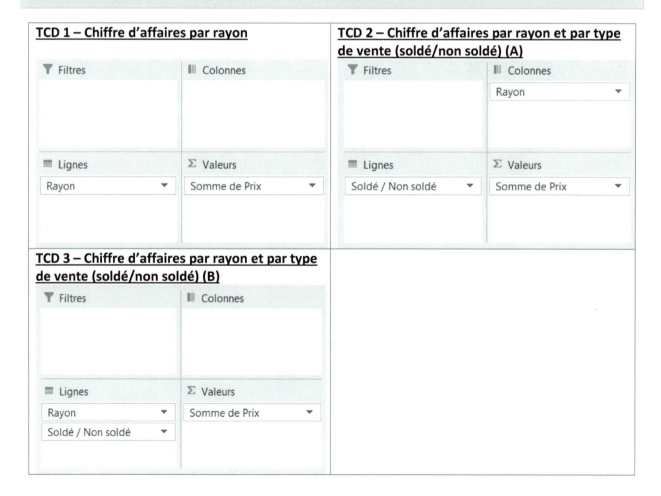

TCD 1 – Chiffre d'affaires par rayon

▼ Filtres	▥ Colonnes

≡ Lignes	Σ Valeurs
Rayon ▼	Somme de Prix ▼

TCD 2 – Chiffre d'affaires par rayon et par type de vente (soldé/non soldé) (A)

▼ Filtres	▥ Colonnes
	Rayon ▼

≡ Lignes	Σ Valeurs
Soldé / Non soldé ▼	Somme de Prix ▼

TCD 3 – Chiffre d'affaires par rayon et par type de vente (soldé/non soldé) (B)

▼ Filtres	▥ Colonnes

≡ Lignes	Σ Valeurs
Rayon ▼	Somme de Prix ▼
Soldé / Non soldé ▼	

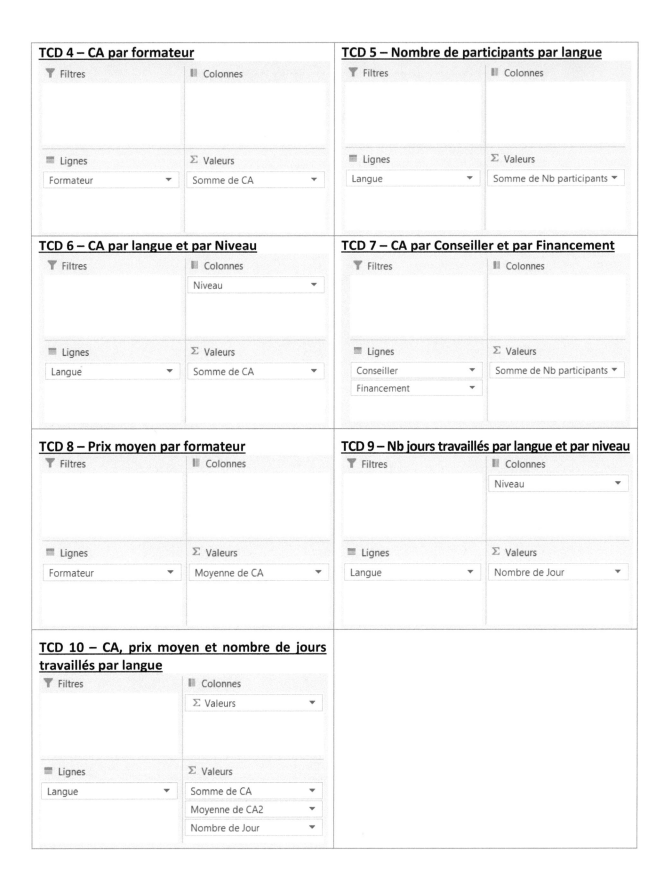

TCD 4 – CA par formateur

Filtres

Colonnes

Lignes
Formateur

Σ Valeurs
Somme de CA

TCD 5 – Nombre de participants par langue

Filtres

Colonnes

Lignes
Langue

Σ Valeurs
Somme de Nb participants

TCD 6 – CA par langue et par Niveau

Filtres

Colonnes
Niveau

Lignes
Langue

Σ Valeurs
Somme de CA

TCD 7 – CA par Conseiller et par Financement

Filtres

Colonnes

Lignes
Conseiller
Financement

Σ Valeurs
Somme de Nb participants

TCD 8 – Prix moyen par formateur

Filtres

Colonnes

Lignes
Formateur

Σ Valeurs
Moyenne de CA

TCD 9 – Nb jours travaillés par langue et par niveau

Filtres

Colonnes
Niveau

Lignes
Langue

Σ Valeurs
Nombre de Jour

TCD 10 – CA, prix moyen et nombre de jours travaillés par langue

Filtres

Colonnes
Σ Valeurs

Lignes
Langue

Σ Valeurs
Somme de CA
Moyenne de CA2
Nombre de Jour

TCD 11 – CA et nombre de jours travaillés par langue et par formateur

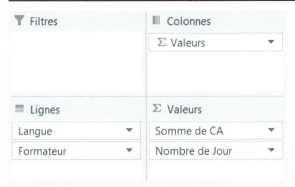

- Mettre en forme les nombres des deux colonnes	Onglet *Accueil*, groupe *Nombre*, bouton ⬚ ⌄ et bouton ⁰⁰⁰
- Changer les libellés des colonnes en **Répartition stages**, **Total CA** et **Nb jours**	Cliquer sur les cellules du TCD et saisir le texte
- Choisir la disposition **Mode Plan**	Onglet *Création*, groupe *Disposition*, bouton *Disposition du rapport*
- Afficher les sous-totaux en bas de leur groupe	Onglet *Création*, groupe *Disposition*, bouton *Sous-totaux*
- Appliquer le style Bleu clair n°16	Onglet *Création*, groupe *Styles de tableau croisé dynamique*, 3ème bouton de la 3ème rangée
- Ajouter une ligne vide sous chaque sous-total	Onglet *Création*, groupe *Disposition*, bouton *Lignes vides*

TCD 12 – Nombre de jours travaillés par trimestre et par an (années en colonnes et trimestres en lignes)

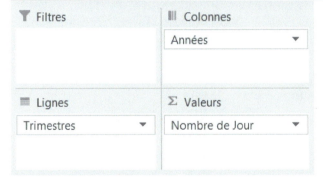

TCD 13 – Chiffre d'affaires par mois et par an (années en colonnes et mois en lignes)

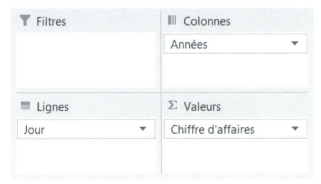

TCD 14 – Trois tableaux croisés sur une même feuille

Premier tableau :

- Champ **Langue** en 1er champ *Lignes*, champ **Niveau** en second champ *Lignes*
- Somme sur champ **CA** en premier champ *Valeurs*, Nombre sur champ **Jour** en second champ *Valeurs*
- Champ **Conseiller** en *Filtres*

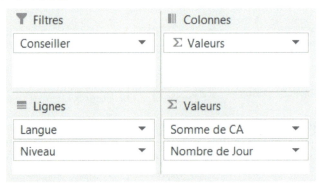

- Dérouler le champ *Filtres* au-dessus du TCD et sélectionner le conseiller **Fara**
- Mettre en forme le TCD :
    - Dans l'onglet *Création*, groupe *Styles de TCD*, sélectionner un style de formatage *Moyen*
    - Dans l'onglet *Création*, groupe *Disposition*, cliquer sur le bouton *Lignes vides* puis sur *Insérer une ligne vide après chaque élément*
    - Sélectionner les nombres de la colonne **Somme de CA** et dans l'onglet *Accueil*, groupe *Nombre*, appliquer le format € 🖼️ ▾ et supprimer les deux décimales ⬇️
- Clic droit sur l'onglet de la feuille contenant le tableau et renommer la feuille **TCD activité par conseiller**

Second tableau :

- Revenir à la feuille **Formations** et cliquer sur une cellule de la liste
- Dans l'onglet *Insérer*, groupe *Tableaux*, cliquer sur le bouton *Tableau croisé dynamique*
- Dans la boite de dialogue *Créer un TCD* :
    - activer l'option *Feuille de calcul existante*
    - cliquer dans la zone *Emplacement*
    - cliquer sur l'onglet de la feuille **CD activité par conseiller** contenant le premier TCD
    - cliquer sur la cellule **E3**
    - valider par *OK*
- Placer les différents champs à l'identique du premier tableau
- Dérouler le champ *Filtres* au-dessus du TCD et sélectionner le conseiller **Laurie**
- Mettre en forme le TCD à l'identique du premier tableau en choisissant une couleur différente

Troisième tableau :

- Revenir à la feuille **Formations** et cliquer sur une cellule de la liste
- Dans l'onglet Insérer, groupe Tableaux, cliquer sur le bouton Tableau croisé dynamique
- Dans la boite de dialogue Créer un TCD :

- activer l'option *Feuille de calcul existante*
- cliquer dans la zone *Emplacement*
- cliquer sur l'onglet de la feuille **CD activité par conseiller** contenant les deux premiers TCD
- cliquer sur la cellule **I3**
- valider par *OK*
- Placer les différents champs à l'identique des précédents tableaux
- Dérouler le champ *Filtres* au-dessus du TCD et sélectionner le conseiller **Valentin**
- Mettre en forme le TCD à l'identique des précédents tableaux en choisissant une couleur différente

EXERCICES GRAPHIQUES DYNAMIQUES

Graphique dynamique 1 - Nombre de jours de formation par langue (secteur avec %)

- Créer un tableau croisé dynamique avec le champ **Langue** en *Lignes* et le champ **Jour** en *Valeurs*
- Dans l'onglet contextuel *Analyse*, groupe *Outils*, cliquer sur *Graphique croisé dynamique*
- Cliquer sur *Secteur* dans la liste des graphiques
- Valider, vous obtenez le graphique suivant :

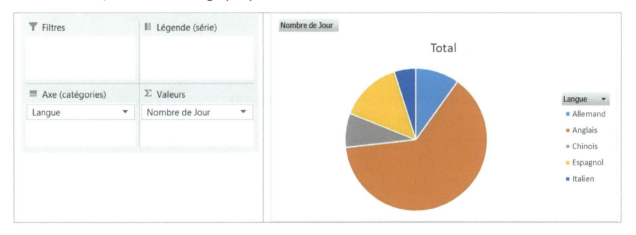

- Cliquer sur la zone du titre et saisir **Nombre de formations par langue**
- Dans l'onglet contextuel *Création*, cliquer sur *Dispositions rapides* et sélectionner la disposition 6

Graphique dynamique 2 - Evolution annuelle du chiffre d'affaires par conseiller (courbe)

- Créer un tableau croisé dynamique avec :
  - le champ **Jour** en *Lignes* + regroupement par Année
  - le champ Conseiller en *Colonnes*
  - le champ Somme de **CA** en *Valeurs*
- Dans l'onglet contextuel *Analyse*, groupe *Outils*, cliquer sur *Graphique croisé dynamique*
- Cliquer sur *Courbe* dans la liste des graphiques
- Valider, vous obtenez le graphique suivant :

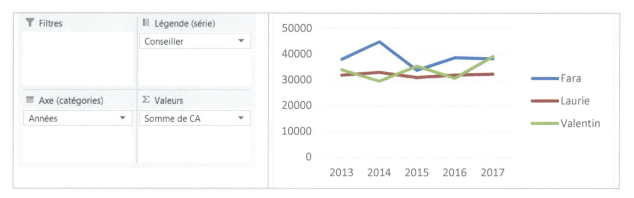

- Ajouter le titre : dans l'onglet contextuel *Création*, groupe *Dispositions du graphique*, cliquer sur *Ajouter un élément graphique* puis sur *Titre du graphique* puis sur *Au-dessus du graphique* et saisir **Chiffre d'Affaires par Conseiller 2013-2017**
- Choisir le style : dans l'onglet contextuel *Création*, groupe *Styles du graphique*, sélectionner le style de graphique n° **6**
- Changer l'axe vertical : effectuer un clic droit sur l'un des nombre de l'axe vertical puis cliquer sur *Format de l'axe* ; dans le volet qui s'affiche, saisir 20000 dans la zone *Minimum*

Graphique dynamique 3 - Nombre de jours de formations par conseiller

- Créer un tableau croisé dynamique avec :
  - le champ **Conseiller** en *Lignes*
  - le champ Langue en *Colonnes*
  - le champ Nombre de **Jour** en *Valeurs*
- Dans l'onglet contextuel *Analyse*, groupe *Outils*, cliquer sur *Graphique croisé dynamique*
- Cliquer sur *Histogramme* dans la liste des graphiques
- Valider, vous obtenez le graphique suivant :

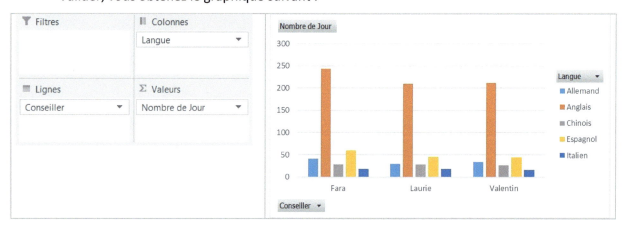

- Ajouter le titre : dans l'onglet contextuel *Création*, groupe *Dispositions du graphique*, cliquer sur *Ajouter un élément graphique* puis sur *Titre du graphique* puis sur *Superposé centré* et saisir **NOMBRE DE FORMATIONS PAR CONSEILLER.** Faire glisser la zone du titre plus haut dans la zone du graphique et diminuer la taille de la police à 12
- Masquer les boutons : dans l'onglet *Analyse*, groupe *Afficher/Masquer*, cliquer sur *Boutons de champs* puis sur *Masquer tout*

- Choisir le style : dans l'onglet contextuel *Création*, groupe *Styles du graphique*, sélectionner le style de graphique n° **2**
- Modifier les couleurs : dans l'onglet contextuel *Création*, groupe *Styles du graphique*, cliquer sur le bouton *Modifier les couleurs* et sélectionner *Palette monochrome 1*
- Positionner la légende sous le graphique : dans l'onglet contextuel *Création* , groupe *Dispositions du graphique*, cliquer sur le bouton *Ajouter un élément de graphique* puis sur *Légende* puis sur *En bas*

EXERCICES VALIDATION DE DONNEES

Exercice 1 - Dans la feuille *Calendrier Equipes* du classeur **Listes Diverses VotrePrénom**, créez une règle de validation pour imposer dans les colonnes A, D et G la saisie d'une date de l'année en cours Prévoyez un message d'erreur personnalisé « **Merci de saisir une date valide** ».
- Sélectionner les cellules **A4:A25**, **D4:D25** et **G4:G25**
- Dans l'onglet *Données*, cliquer sur *Validation de données*
- Dans l'onglet *Options*, dérouler la liste *Autoriser* et sélectionner *Date*
- Dans la zone *Données*, sélectionner *Comprise entre*
- Dans la zone *Date de début*, saisir **01/01/2018** (ou toute autre date de votre choix)
- Dans la zone *Date de fin*, saisir **31/12/2018** (ou toute autre date de votre choix)

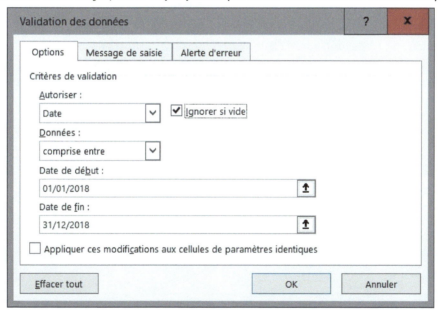

- Activer l'onglet *Alerte d'erreur* et saisir le message d'erreur « **Merci de saisir une date valide** ».

Exercice 2 - Dans la feuille **Salariés** du classeur **Listes diverses VotrePrénom**, créer des règles de validation pour imposer la saisie de nombres entiers supérieurs à 0 dans la colonne des **Salaires** et dans la colonne **Genre**, la saisie avec liste déroulante de F pour Femmes et H pour Hommes

Règle pour les salaires :

- Sélectionner les cellules de la colonne **Salaires**

- Dans l'onglet *Données*, cliquer sur le bouton *Validation de données*
- Dans l'onglet *Options*, dérouler la liste *Autoriser* et sélectionner *Nombre entier*
- Dans la zone *Données*, sélectionner *Supérieure à* et saisir **0** dans la zone *Minimum*
- Dans l'onglet *Alerte d'erreur*, dérouler la liste de la zone *Style* et sélectionner *Information*
- Saisir un titre et un message personnalisé (par exemple « **Attention ! La saisie attendue est un nombre entier. Etes-vous sûr ?** »)

<u>Règle pour les genres :</u>
- Sélectionner les cellules de la colonne **Genre**
- Dans l'onglet *Données*, cliquer sur le bouton *Validation de données*
- Dans l'onglet *Options*, dérouler la liste *Autoriser* et sélectionner *Liste*
- Dans la zone *Source*, saisir **F;H**
- Dans l'onglet *Alerte d'erreur*, saisir un titre et un message personnalisé (par exemple « **Attention ! Veuillez saisir F s'il s'agit d'une femme et H s'il s'agit d'un homme** »)

Exercice 3 - Dans la feuille **Salariés** du classeur Listes diverses VotrePrénom, créez une règle de validation pour la colonne **Catégorie** utilisant comme source la liste des catégories ci-dessous, à saisir en colonne **C** de la feuille **Sources validation** créée précédemment.

- Activer la feuille **Sources validation** et saisir la liste des catégories en colonne **C**
- Revenir à la feuille **Salariés** et sélectionner les cellules contenant les catégories d'employés
- Dans l'onglet *Données*, cliquer sur le bouton *Validation de données*
- Dans l'onglet *Options*, dérouler la liste *Autoriser* et sélectionner *Liste*
- Cliquer dans la zone *Source* pour y positionner votre curseur
- Sélectionner les cellules de la feuille **Sources validations** contenant les catégories
- Valider

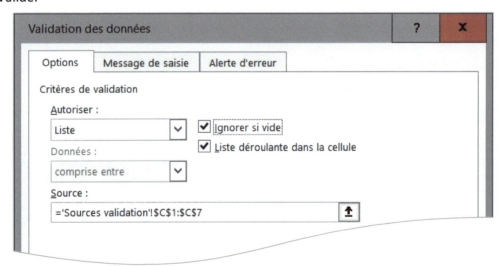

EXERCICES MISES EN FORME CONDITIONNELLES

Dans la feuille **Conso Eau froide** du classeur Listes diverses VotrePrénom, effectuez les mises en forme automatiques suivantes :

Consommation 2018 : appliquer une barre de données dégradée bleue aux cellules

- Sélectionner les cellules **B4:B11**
- Onglet *Accueil*, groupe *Styles*, cliquer sur *Mise en forme conditionnelle* puis sur *Barres de données*
- Sélectionner les barres bleues sous *Dégradé*

Colonnes des Variations : tous les nombres négatifs sont formatés en police gras, italique et bleue et tous les nombres au-dessus de 2% sont formatés en police gras, italique et rouge

- Sélectionner les cellules **C4:C11**
- Onglet *Accueil*, groupe *Styles*, cliquer sur *Mise en forme conditionnelle*
- Sélectionner *Nouvelle règle*
- Sélectionner la ligne *Appliquer une mise en forme uniquement aux cellules qui contiennent*
- Sous *Modifier la description de la règle*, indiquer **Valeur de la cellule - Inférieure à – 0**
- Cliquer sur le bouton *Format*
- Dans l'onglet *Police*, sélectionner *Gras Italique* et la couleur de police *Bleue*

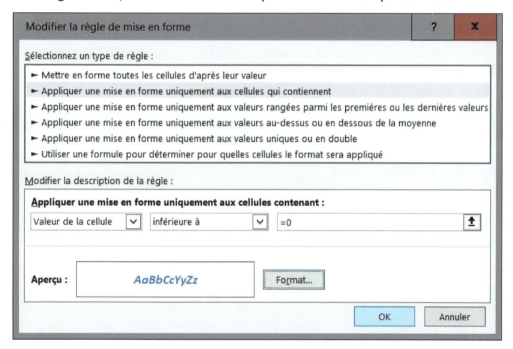

- Conserver les mêmes cellules sélectionnées
- Onglet *Accueil*, groupe *Styles*, cliquer sur *Mise en forme conditionnelle*
- Sélectionner *Nouvelle règle*
- Sélectionner la ligne *Appliquer une mise en forme uniquement aux cellules qui contiennent*
- Sous *Modifier la description de la règle*, indiquer **Valeur de la cellule - Supérieure à – 2%**
- Cliquer sur le bouton *Format*
- Dans l'onglet *Police*, sélectionner *Gras Italique* et la couleur de police *Rouge*
- Valider

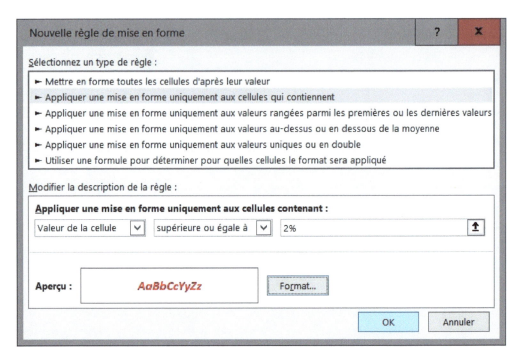

Appliquer la même mise en forme sur les cellules de variation du tableau des années précédentes (à noter que pour recopier une mise en forme automatique, vous pouvez utiliser le bouton *Reproduire la mise en forme* du groupe *Presse-papiers* dans l'onglet *Accueil*).

Conso moyenne / personne : appliquer une couleur de remplissage rouge clair aux nombres supérieurs à la moyenne des nombres de la colonne

- Sélectionner les cellules **E4:E11**

- Onglet *Accueil*, groupe *Styles*, cliquer sur *Mise en forme conditionnelle*

- Cliquer sur *Règles des valeurs de plage haute/basse* puis cliquer sur *Valeurs supérieures à la moyenne*

Colonnes des consommations 2015, 2016 et 2017 : des indicateurs ✅ 🟡 ❌ sont affichés selon le contenu des cellules (régler les icônes de façon à ce que la coche verte s'affiche bien pour les nombres les plus bas et non l'inverse)

- Sélectionner les cellules **B17:B24**

- Onglet *Accueil*, groupe *Styles*, cliquer sur *Mise en forme conditionnelle*

- Cliquer sur *Jeux d'icônes* puis sur *3 symboles avec cercle* ✅ 🟡 ❌ sous *Indicateurs*

- Conserver les mêmes cellules sélectionnées

- Onglet *Accueil*, groupe *Styles*, cliquer sur *Mise en forme conditionnelle* puis cliquer sur *Gérer les règles*

- Cliquer sur *Modifier la règle*

- Cliquer sur le bouton *Ordre inverse des icônes*

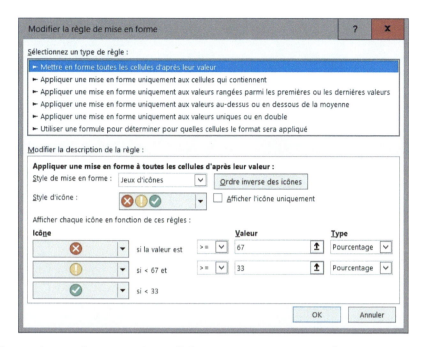

Appliquer la même mise en forme sur les cellules **C17:C24 et E17:E24** (vous pouvez utiliser le bouton *Reproduire la mise en forme* du groupe *Presse-papiers* dans l'onglet *Accueil*).

Vous devez obtenir le résultat suivant :

Consommation Eau froide

Copropriétaire	Consommation 2016	Variation 2015/2016	Nb personnes / foyer	Conso moyenne / personne
ABALDI	€ 720,00	-11,22%	3	€ 240,00
BOIRDIOL	€ 560,00	2,75%	3	€ 186,67
DE VILACOURT	€ 960,00	0,00%	5	€ 192,00
DOUCLA	€ 520,00	-5,45%	2	€ 260,00
GALIBERT	€ 870,00	1,75%	4	€ 217,50
SANDARE	€ 560,00	0,00%	3	€ 186,67
TRANH	€ 195,00	-1,52%	1	€ 195,00
VALLE	€ 430,00	2,38%	2	€ 215,00
TOTAL	€ 4 815,00	-1,71%		

Consommations années précédentes

Copropriétaire	Consommation 2013	Consommation 2014	Variation 2013/2014	Consommation 2015	Variation 2014/2015
ABALDI	⚠ € 813,00	⚠ € 820,00	0,86%	⚠ € 811,00	-1,10%
BOIRDIOL	✓ € 450,00	✓ € 510,00	13,33%	✓ € 545,00	6,86%
DE VILACOURT	✗ € 1 320,00	✗ € 1 005,00	-23,86%	✗ € 960,00	-4,48%
DOUCLA				✓ € 550,00	
GALIBERT	⚠ € 790,00	⚠ € 800,00	1,27%	⚠ € 855,00	6,88%
SANDARE	✓ € 550,00	⚠ € 590,00	7,27%	✓ € 560,00	-5,08%
TRANH	✓ € 210,00	✓ € 212,00	0,95%	✓ € 198,00	-6,60%
VALLE	✓ € 390,00	✓ € 400,00	2,56%	✓ € 420,00	5,00%
TOTAL	€ 4 523,00	€ 4 337,00	-4,11%	€ 4 899,00	12,96%

Méthodes d'apprentissage disponibles

Ces méthodes sont disponibles sur le site www.amazon.fr. Vous pouvez accéder à la liste de nos ouvrages en saisissant le nom de l'auteur ou le code ISBN dans la zone de recherche du site.

Word
Initiation
2013 – 2016
ISBN 1537021672

Word
Maîtrise
2013 - 2016
ISBN 1985089793

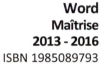

Excel
Initiation
2013 – 2016
ISBN 1985014653

Excel
Maîtrise
2013 – 2016
ISBN 1986641252

Excel
Fonctions &
Fonctionnalités
avancées
2007 – 2010
ISBN 1484010817

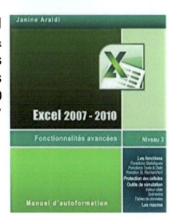

PowerPoint
Initiation
2013 – 2016
ISBN 1537015435

www.ingramcontent.com/pod-product-compliance
Lightning Source LLC
Chambersburg PA
CBHW041429050326
40690CB00002B/477